MANUAL PRÁTICO DE AVALIAÇÃO E CONTROLE DE CALOR

— PPRA —

1ª edição — 2000
2ª edição — 2004
3ª edição — 2010
4ª edição — 2012
5ª edição — 2013
6ª edição — 2014

TUFFI MESSIAS SALIBA

Engenheiro Mecânico, pós-graduado em Engenharia de Segurança e Engenharia Econômica. Advogado. Ex-pesquisador da Fundacentro-MG. Ex-professor dos cursos de Engenharia de Segurança e Medicina do Trabalho. Diretor técnico da ASTEC — Assessoria e Consultoria em Segurança e Higiene do Trabalho.

MANUAL PRÁTICO DE AVALIAÇÃO E CONTROLE DE CALOR

— PPRA —

6ª edição

LTr®

EDITORA LTDA.

Rua Jaguaribe, 571
CEP 01224-001
São Paulo, SP — Brasil
Fone (11) 2167-1101
www.ltr.com.br

Produção Gráfica e Editoração Eletrônica: RLUX
Projeto de capa: FÁBIO GIGLIO
Impressão: PAYM

LTr 5136.0
Outubro, 2014

Dados Internacionais de Catalogação na Publicação (CIP)
(Câmara Brasileira do Livro, SP, Brasil)

Saliba, Tuffi Messias
Manual prático de avaliação e controle de calor : PPRA / Tuffi Messias Saliba — 6. ed. — São Paulo : LTr, 2014.

Bibliografia.
ISBN 978-85-361-3137-5

1. Calor — Avaliação 2. Calor — Controle 3. Medicina do trabalho 4. Segurança do trabalho Título.

14-09474 CDD-616.9803

Índice para catálogo sistemático:

1. Calor : Avaliação : Medicina do trabalho 616.9803
2. Calor : Controle : Medicina do trabalho 616.9803

Agradecimentos

Márcia Angelim Chaves Corrêa —
Engenheira Química e de Segurança do Trabalho

Lênio Sérvio Amaral —
Engenheiro de Segurança do Trabalho

Maria Beatriz de Freitas Lanza —
Engenheira de Segurança do Trabalho e Mestre em Administração

SUMÁRIO

PARTE 1

Conceitos Básicos 9
I — Trocas térmicas entre o organismo e o ambiente 9
II — Fatores que influenciam nas trocas térmicas entre o ambiente e o organismo 11
III — Equilíbrio homeotérmico 13
IV — Efeitos do calor no organismo 14
V — Índices de avaliação de calor 16

PARTE 2

Instrumentos de Medição 18
I — Escalas termométricas 18
II — Termômetro de bulbo seco (Tbs) 19
III — Termômetro de globo (Tg) 19
IV — Termômetro de bulbo úmido natural (Tbn) 20
V — Psicrômetro 21
VI — Anemômetro 22

PARTE 3

Avaliação de calor para fins de conforto 25
I — Avaliação de calor para fins de conforto 25
II — Temperatura efetiva corrigida (Tec) 29

PARTE 4

Avaliação ocupacional de calor 31
I — Índice de Sobrecarga Térmica — IST — Critério de Belding e Hatch 31
II — Índice termômetro de globo úmido 36

III — Índice de bulbo úmido termômetro de globo — IBUTG 37
3.1. Instrumentos de medição 38
3.2. Limites de tolerância 40
3.3 Critério NR-15 (Limites de Tolerância) 41
3.4. Critério da ACGIH 50
3.5. Procedimento de avaliação ocupacional 51
3.6. Avaliação de calor para caracterização de insalubridade 52
3.7. Avaliação de calor para fins de aposentadoria especial 56

PARTE 5

Medidas de Controle 57
I — Medidas Coletivas 57
1.1. Taxa de metabolismo 57
1.2. Convecção 58
1.3. Radiação 59
1.4. Evaporação 59
II — Medidas Administrativas/Organização do Trabalho 60
2.1. Treinamento 60
2.2. Limitação do tempo de exposição 60
2.3. Aclimatação 61
III — Equipamento de Proteção Individual 62
IV — Controle Médico 62
Apêndice I — Modelo de laudo técnico de avaliação ocupacional de Calor 63
Apêndice II — Modelo de laudo técnico de avaliação de conforto térmico 66
Apêndice III — Modelo de laudo técnico de avaliação de calor para fins de insalubridade 68
Apêndice IV — Critério recomendado pela ACGIH/2011 72
Apêndice V — Limites de tolerância para exposição ao calor de acordo com a NR-15, Anexo 3 74

Referências bibliográficas 79

PARTE 1

CONCEITOS BÁSICOS

O calor é um agente presente em diversos ambientes de trabalho, tais como: siderúrgicas, indústrias de vidro e, em certas situações, até mesmo ao ar livre, já que podem ocorrer exposições superiores ao limite, dependendo das condições climáticas da região e do tipo de atividade desenvolvida.

Ao contrário de outros agentes ambientais, na avaliação do calor diversos fatores ambientais e individuais devem ser considerados; por essa razão, vários índices de avaliação de calor foram desenvolvidos correlacionando esses fatores.

Antes de entrar nos estudos dos índices de avaliação do calor, é importante explicar de forma sucinta o comportamento fisiológico do indivíduo quando está exposto ao calor.

I — TROCAS TÉRMICAS ENTRE O ORGANISMO E O AMBIENTE

Quando o trabalhador está exposto junto a uma ou várias fontes de calor, ocorrem as trocas térmicas entre o ambiente e o organismo, conforme a figura 1 abaixo:

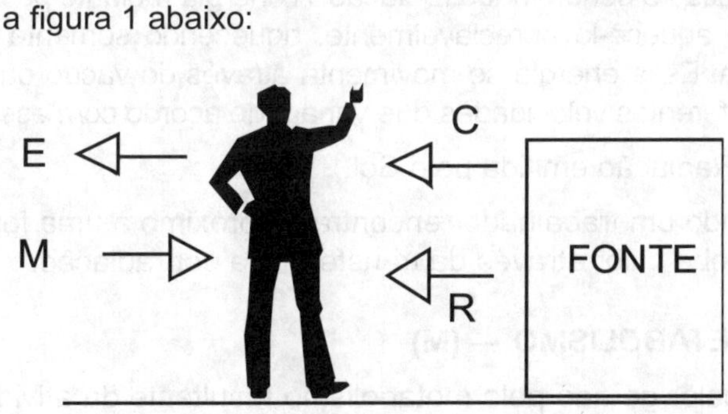

Figura 1 — Trocas térmicas entre o organismo e o ambiente

— Condução/Convecção — C

— Radiação — R

— Evaporação — E

— Metabolismo — M

A) CONDUÇÃO — (C)

É o processo de transferência de calor que ocorre quando dois corpos sólidos ou fluidos, que não estão em movimento e se encontram submetidos a diferentes temperaturas, são colocados em contato. O corpo de maior temperatura transfere o calor em excesso para o corpo de menor temperatura, até que se estabeleça um equilíbrio térmico entre eles, isto é, até as temperaturas dos corpos se igualarem.

Ex.: aquecimento de uma barra de ferro.

B) CONVECÇÃO — (C)

Esse processo de transferência de calor é idêntico ao anterior; nesse caso, porém, as trocas caloríficas se realizam através de fluido em movimento.

Desse modo, quando o trabalhador encontra-se próximo a uma fonte de calor, conforme mostra a figura, pelo mecanismo de condução/convecção esse calor é transferido para o corpo do indivíduo.

C) RADIAÇÃO — (R)

Quando a transferência de calor ocorre sem nenhum suporte material, o processo é denominado radiação. A energia radiante passa através do ar sem aquecê-lo apreciavelmente, aquecendo somente a superfície atingida. Essa energia se movimenta através do vácuo ou de outros meios, a diferentes velocidades que variam de acordo com esses meios.

Ex.: Radiação emitida pelo Sol.

Quando um trabalhador encontra-se próximo a uma fonte de calor, ele recebe calor através da transferência por radiação.

D) METABOLISMO — (M)

É o calor gerado pelo metabolismo resultante da atividade física do trabalhador. Quanto mais intensa for a atividade física, maior será o calor produzido pelo metabolismo.

E) EVAPORAÇÃO — (E)

É o processo de passagem de um líquido, a uma determinada temperatura, para a fase gasosa, dispersando o vapor para o meio ambiente. Não é necessária a diferença de temperatura para o desenvolvimento do processo. O calor transferido dessa forma é chamado calor latente, diferenciando-se, assim, daquele que se transmite através de variação de temperatura, que é chamado calor sensível. No fenômeno de evaporação, o líquido retira calor do sólido para evaporar-se, assim, é possível afirmar que o sólido perde calor para o meio ambiente por evaporação. O organismo perde calor devido ao seu resfriamento por evaporação (efeito refrigerante decorrente da evaporação do suor pela pele). Segundo a Engenheira Berenice Goelzer, a evaporação de 1g de água elimina 0,59kcal.

Ex.: Suor emanado após uma atividade física (jogar futebol).

II — FATORES QUE INFLUENCIAM NAS TROCAS TÉRMICAS ENTRE O AMBIENTE E O ORGANISMO

A complexidade do estudo do calor reside no fato de haver diversos fatores variáveis que influenciam nas trocas térmicas entre o corpo humano e o meio ambiente, definindo, dessa forma, a severidade da exposição ao calor.

Entre os inúmeros fatores que influenciam nas trocas térmicas, cinco principais devem ser considerados na quantificação da sobrecarga térmica:

— Temperatura do ar

— Umidade relativa do ar

— Velocidade do ar

— Calor radiante

— Tipo de atividade

A) TEMPERATURA DO AR

A temperatura do ar constitui fator importante na troca de calor por condução e convecção. A transferência de calor por esse mecanismo depende da diferença entre a temperatura do ar e temperatura da pele do indivíduo. Sendo assim, se a temperatura do ar for maior que a da pele, o organismo ganhará calor por condução-convecção, e, se a temperatura do ar for menor que a da pele, o organismo perderá calor por condução-convecção. A quantidade de calor absorvido ou perdido é diretamente proporcional à diferença entre as temperaturas do ar e da pele.

B) UMIDADE RELATIVA DO AR

Este parâmetro influencia na troca térmica entre o organismo e o ambiente pelo mecanismo de evaporação. Desse modo, a perda de calor no organismo por evaporação dependerá da umidade relativa do ar, isto é, da quantidade de água presente numa determinada fração, espaço de ar.

Sabe-se que o organismo humano perde em média 600kcal/h pela evaporação do suor, se a umidade relativa for de 0%. Quanto maior a umidade relativa (maior saturação de água no ar), menor será a perda de calor por evaporação.

C) VELOCIDADE DO AR

A velocidade do ar no ambiente pode alterar as trocas, tanto na condução e convecção como na evaporação.

Quando houver um aumento da velocidade do ar no ambiente, haverá aceleração da troca de camadas de ar mais próximas ao corpo, aumentando o fluxo de calor entre este e o ar. Se a velocidade do ar é maior, há uma substituição mais rápida das camadas de ar mais saturadas com água por outras menos saturadas, favorecendo então a evaporação.

É importante verificar o sentido da transmissão de calor, pois o aumento de velocidade do ar poderá favorecer ou desfavorecer o ganho de calor pelo organismo, caso o gradiente de temperatura seja positivo ou negativo. Assim, se a temperatura do ar for menor que a do corpo, o aumento da velocidade do ar favorecerá o aumento da perda de calor do corpo para o meio. Caso a temperatura do ar seja maior que a do corpo, este ganhará mais calor com o aumento da velocidade do ar.

No caso da evaporação, o aumento da velocidade do ar sempre irá favorecê-la.

D) CALOR RADIANTE

Quando um indivíduo se encontra em presença de fontes apreciáveis de calor radiante, o organismo absorve calor pelo mecanismo de radiação. Caso não haja fontes de calor radiante ou se estas são controladas, o organismo humano poderá perder calor pelo mesmo mecanismo.

E) TIPO DE ATIVIDADE

Quanto mais intensa for a atividade física exercida pelo indivíduo, maior será o calor produzido pelo metabolismo, constituindo, portanto, parte do calor total ganho pelo organismo.

III — EQUILÍBRIO HOMEOTÉRMICO

Os mecanismos de termorregulação do organismo têm como finalidade manter a temperatura interna do corpo constante, e é evidente que há um equilíbrio entre a quantidade de calor gerado no corpo e sua transmissão para o meio ambiente. A equação que descreve o estado de equilíbrio se denomina balanço térmico:

$M \pm C \pm R - E = S$

Onde:

M — calor produzido pelo *metabolismo*

C — calor ganho ou perdido por *condução — convecção*

R — calor ganho ou perdido por *radiação*

E — calor perdido por *evaporação*

S — calor acumulado no organismo *(sobrecarga térmica).*

O organismo se encontrará em equilíbrio térmico quando ***S*** for igual a zero.

Aumentando-se a temperatura do ambiente, o estímulo aos receptores de frio na pele é reduzido, enquanto o estímulo aos receptores de calor é aumentado. Há um aumento concomitante na quantidade de sangue que flui através dos vasos cutâneos. Em climas quentes, esse aumento pode provocar um indesejável excesso da carga na circulação, com consequente desordem no sistema circulatório.

Papel das glândulas sudoríparas — Não há dúvida de que a principal defesa do organismo contra a exposição ao calor é a evaporação do suor, que é vertido sobre a superfície da pele pelas glândulas sudoríparas. Essas glândulas secretam uma solução aquosa que contém principalmente cloreto de sódio. A taxa máxima de sudação, que não pode ser mantida por longos períodos, é de ordem de 2 litros/h. As glândulas sudoríparas são estimuladas por meio de inervação do sistema simpático.

Papel dos hormônios — Há evidência de atividade humoral resultante da exposição ao calor, que é benéfica ao organismo, pois conserva sal e água. Como resultado da sudação, ocorre desidratação, e o hormônio antidiurético pode ser encontrado na urina. Finalmente, vale mencionar a aclimatização ao calor, que, como o próprio termo indica, auxilia o indivíduo a suportar exposições a altas temperaturas.

IV — EFEITOS DO CALOR NO ORGANISMO

Quando o calor cedido pelo organismo ao meio ambiente é inferior ao recebido ou produzido pelo metabolismo total (metabolismo basal + metabolismo de trabalho), o organismo tende a aumentar sua temperatura. Para evitar esta hipertermia (aumento da temperatura interna do corpo), várias reações de adaptação do organismo podem ser verificadas: a vasodilatação periférica, que tem a finalidade de aumentar a circulação sanguínea na superfície do corpo, por intermédiário da qual se fazem as trocas de calor com o ambiente; a ativação das glândulas sudoríparas (sudorese), que é o aumento do intercâmbio de calor através da transformação do suor de estado líquido em vapor. Caso a vasodilatação periférica e a sudorese não sejam suficientes para manter a temperatura do corpo em torno de 37°C, haverá consequências para o organismo, as quais podem se manifestar das seguintes formas:

A) Exaustão do calor: Com a dilatação dos vasos sanguíneos em resposta ao calor, há uma insuficiência do suprimento de sangue do córtex cerebral, resultando em queda da pressão arterial.

B) Desidratação: A desidratação provoca, principalmente, a redução do volume de sangue, promovendo a exaustão do calor, porém, em casos extremos, produz distúrbios na função celular, provocando até a deterioração do organismo, insuficiência muscular, redução da secreção (especialmente das glândulas salivares), perda de apetite, entre outros (WELLS ASTETE,1993).

C) Câimbras de calor: Na sudorese há perda de água e sais minerais, principalmente cloreto de sódio. Com a redução dessa substância no organismo, podem ocorrer espasmos musculares e câimbras. A câimbra, por causa do calor, aparece após sudorese intensa como resultado do trabalho físico prolongado. Trata-se de dores agudas nas extremidades e músculos abdominais (OIT, 1989, p. 42.9).

D) Edema de calor: Em pessoas não climatizadas expostas a um ambiente quente, pode aparecer edema leve, tais como inchaço das mãos e dos pés. Geralmente afeta mais as mulheres e desaparece com a aclimatação. Os sintomas desaparecem em poucas horas, quando as pessoas se afastam para um local fresco (OIT, 1989, p. 42.9).

E) Choque térmico: Ocorre quando a temperatura do núcleo do corpo atinge determinado nível, colocando em risco algum tecido vital que permanece em contínuo funcionamento. É por causa de um distúrbio no mecanismo termorregulador que se torna impossível manter um adequado equilíbrio entre o indivíduo e o meio (WELLS ASTETE, 1993).

F) Exaustão por calor: Éum transtorno muito comum provocado pelo calor. Resulta da desidratação grave devido à perda de muito suor. É típico em pessoas jovens e saudáveis que realizam esforço físico prolongado (esgotamento induzido pelo estresse de calor), como corredor de maratona, pessoas que praticam esportes ao ar livre, recrutas, entre outros. Essa enfermidade é causada pela deficiência circulatória e pela diminuição de água e sal no organismo. Pode ser considerada um estágio incipiente de insolação. A exaustão pelo calor é causada pelo esgotamento da água em razão de transpiração intensa e prolongada e da ingestão de água insuficiente.

Finalmente, cabe salientar que a American Conference of Governmental Industrial Hygienists (ACGIH) determina que o objetivo principal do gerenciamento da sobrecarga térmica é a prevenção da insolação, que pode ser fatal, e é o mais grave dos danos à saúde por exposição ao calor. A vítima de insolação fica, frequentemente, agitada, desorientada, confusa, delirante ou inconsciente. A temperatura do núcleo do corpo da vítima sobe mais de 40°C. Aumentos prolongados na temperatura do núcleo do corpo e exposições crônicas a altos níveis de sobrecarga térmica estão associados com doenças tais como: infertilidade temporária (em homens e mulheres), frequência cardíaca elevada, distúrbios do sono, fadiga e irritabilidade (ACGIH, 2011).

V — ÍNDICES DE AVALIAÇÃO DE CALOR

A avaliação do calor a que um indivíduo está submetido é bastante complexa, em razão da quantidade de fatores a serem considerados. O principal risco da exposição ao calor é a elevação da temperatura do núcleo do corpo a nível acima de 37,0°C (ACGIH, 2013). Todavia, na avaliação do risco, a medição da temperatura do núcleo do corpo do trabalhador é impraticável. Além disso, ainda não foi desenvolvido um método adequado para avaliação da temperatura interna do corpo para fins de exposição ocupacional ao calor. Desse modo, será necessário medir os fatores ambientais que se encontram diretamente ligados à temperatura do corpo e a outras reações fisiológicas ao calor. Para essa avalição, foram desenvolvidos diversos índices que relacionam as temperaturas e as respostas fisiológicas.

Como visto anteriormente, o principal risco da exposição ao calor é a elevação da temperatura do núcleo do corpo a nível acima de 37,0°C (ACGIH, 2011). Quando isso ocorre, a exposição resulta numa sobrecarga térmica. Considerando que a medição da temperatura do núcleo do corpo é impraticável durante a exposição do trabalhador ao calor, a solução é correlacionar fatores ambientais que influenciam na sobrecarga térmica (temperatura, umidade relativa do ar, calor radiante e velocidade do ar) e as respostas fisiológicas relacionadas ao metabolismo (Martinez, 1981). Assim, para quantificar esses fatores ambientais, vários índices de avaliação de calor foram desenvolvidos. Esses índices correlacionam as variáveis que influem nas trocas térmicas entre o indivíduo e o meio e, dessa forma, permitem quantificar a severidade da exposição ao calor. Entre esses índices, destacam-se: Índice de Temperatura Efetiva (TE), índice de Temperatura Efetiva Corrigida (TEC), índice de Sobrecarga Térmica — IST (Heat Stress Index), índice de Termômetro de Globo Úmido (TGU) e Índice de Bulbo Úmido Termômetro de Globo (IBUTG). A tabela 1 relaciona esses e os parâmetros considerados em cada um deles.

TABELA 1
Parâmetros considerados nos índices de avaliação de calor

Índice	Parâmetros considerados
Índice de Temperatura Efetiva	Temperatura do ar, umidade relativa do ar e velocidade do ar
Índice de Temperatura Efetiva Corrigida	Temperatura do ar, umidade relativa do ar, velocidade do ar e calor radiante

Índice	Parâmetros considerados
Índice de Sobrecarga Térmica	Temperatura do ar, umidade relativa do ar, velocidade do ar e calor radiante, calor metabólico (tipo de atividade), tempo de pausas (descanso)
Índice de Termômetro de Globo Úmido	
Índice de Bulbo Úmido Termômetro de Globo	

Verifica-se pela tabela 1 que os Índices de Temperatura Efetiva e Temperatura Efetiva Corrigida não consideram todos os fatores tidos como fundamentais para a correta avaliação da sobrecarga térmica e, portanto, são os menos recomendados para um estudo adequado da exposição ao calor. Esses índices são adequados para avaliar conforto térmico. A NR-17 adota o índice Temperatura Efetiva para fins de conforto nos ambientes de trabalho.

Os demais índices consideram todos os fatores que influenciam as condições de exposição ao calor e, portanto, são denominados índices de sobrecarga térmica.

PARTE 2

INSTRUMENTOS DE MEDIÇÃO

I — ESCALAS TERMOMÉTRICAS

As principais escalas de medidas de temperatura são: Centígrado ou Celsius, Farenheit e Kelvin, sendo as duas primeiras mais utilizadas em higiene do trabalho. Assim, muitas vezes, é necessário fazer a transformação de escalas.

As escalas se baseiam em pontos de referência da fusão do gelo e ebulição da água.

Na escala Celsius ou Centígrado, o ponto de fusão do gelo é 0°C e o ponto de ebulição da água é de 100°C. Essa faixa é dividida em 100 partes.

Na escala Farenheit, a fusão do gelo ocorre a 32°F e a ebulição da água a 212°F, sendo a escala dividida em 180 partes.

Para transformar Celsius em Farenheit e vice-versa, temos a seguinte fórmula:

Escala Celsius ou Centígrado **Escala Farenheit**

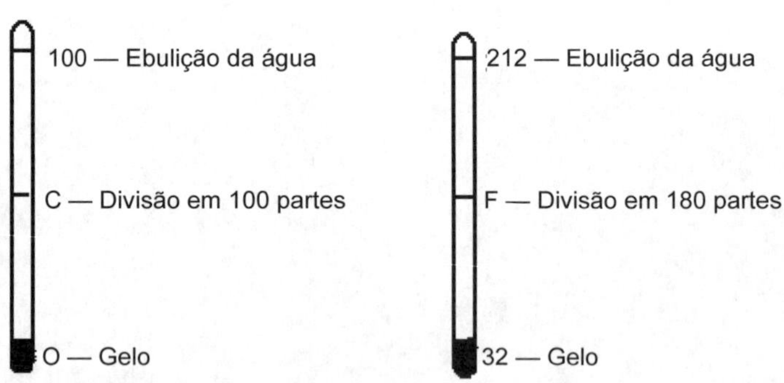

$$\frac{^{o}C}{100} = \frac{^{o}F - 32}{180}$$

$$^{o}C = \frac{5^{o}F}{100} + 32$$

$$^{o}F = \frac{9^{o}C}{5} + 32$$

EXEMPLO:

Transformar 24,0°C em Farenheit

$$^{o}F = \frac{9}{5} \times 24 + 32 \rightarrow {^{o}F} = 75,2$$

II — TERMÔMETRO DE BULBO SECO (Tbs)

É um termômetro composto de mercúrio comum, ou algum outro tipo de sensor que possui leitura idêntica, por exemplo, os sensores eletrônicos que atualmente vêm sendo amplamente utilizados.

Para o termômetro de mercúrio, é recomendada a graduação de 0°C até 60°C, com subdivisão de 0,1°C, com bulbo de mercúrio.

A temperatura do bulbo seco é a temperatura obtida ao colocar o bulbo seco do termômetro em contato com uma mistura de ar úmido, até que este atinja o equilíbrio térmico, ou seja, nada mais é do que a temperatura do ar ambiente sem a presença de calor radiante. A temperatura do ar ambiente deve ser medida na altura superior do tórax do trabalhador ou em outros locais escolhidos em função dos objetivos.

Para proteger o bulbo do termômetro contra a ação do calor radiante, deve-se revesti-lo com uma camada de prata polida, que reflete cerca de 99,5% do calor radiante incidente.

III — TERMÔMETRO DE GLOBO (Tg)

Este instrumento é constituído de um termômetro de mercúrio com graduação de 0°C a 150°C, com subdivisão de 0,2°C, ou outro tipo de sensor de temperatura que dê leitura idêntica.

O globo consiste em uma esfera oca de cobre com 15,24 centímetros de diâmetro (6 polegadas), pintada externamente de tinta preta fosca, a fim de absorver o máximo de calor radiante (radiação térmica ou energia radiante) incidente.

O bulbo de termômetro comum ou sensor é colocado no interior dessa esfera (no centro da esfera), a qual fica suspensa, sem contato com o suporte. O termômetro de globo deve ser exposto, no mínimo, 25 minutos antes da leitura. Essa leitura corresponde à temperatura média de radiação do ambiente. A figura 2 ilustra o termômetro de globo.

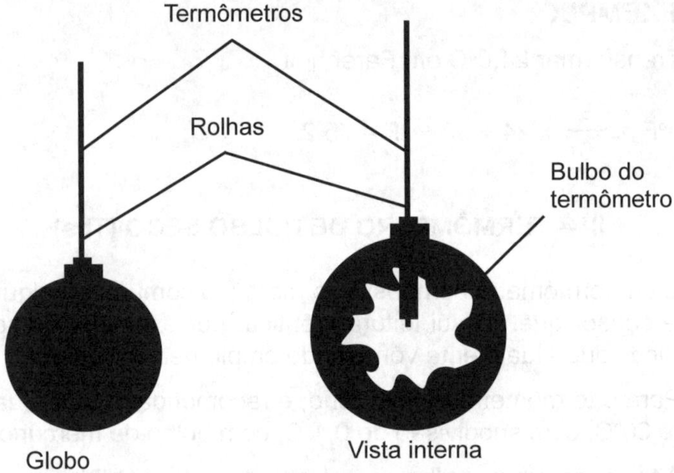

Figura 2 — Termômetro de globo (Tg)

Fonte: NHO 06 — Fundacentro

IV — TERMÔMETRO DE BULBO ÚMIDO NATURAL (Tbn)

Consiste em termômetro de mercúrio comum ou sensor. O termômetro de mercúrio ou sensor deve ser montado na posição vertical, revestido com uma camisa pavio de algodão branca que deverá envolver totalmente o bulbo de mercúrio. O pavio do termômetro de bulbo úmido natural deve ser mantido úmido em água destilada, por no mínimo meia hora antes de fazer a leitura da temperatura. É importante preencher o reservatório com água destilada, bem como molhar o restante do pavio. O pavio deve ser colocado no termômetro, cobrindo todo o bulbo e mais uma parcela da coluna capilar, de dimensão equivalente ao comprimento do bulbo, e deve estar sempre limpo. Os pavios novos devem ser lavados antes de serem usados. A figura 3 mostra o termômetro de bulbo úmido natural.

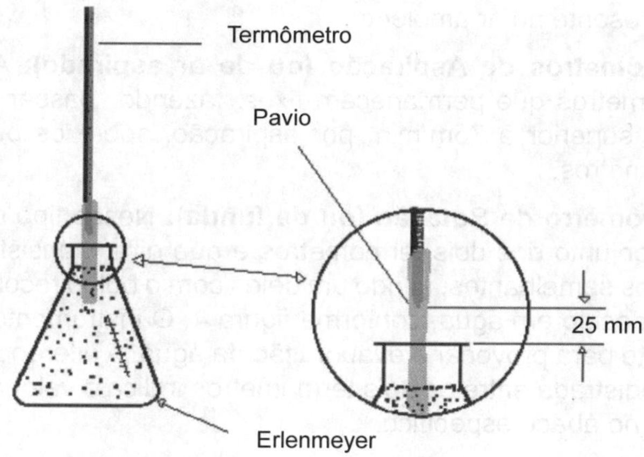

Figura 3 — Termômetro de bulbo úmido natural (Tbn)

Fonte: NHO 06 — Fundacentro

V — PSICRÔMETRO

O psicrômetro mede a umidade relativa do ar e é constituído de dois termômetros idênticos colocados paralelamente. Um deles possui o bulbo revestido por tecido que deve ser umedecido com água destilada durante a medição.

Após a estabilização, fazem-se duas leituras:

— Temperatura de bulbo seco (temperatura do ar)

— Temperatura de bulbo úmido

A circulação do ar nos bulbos do termômetro é um fator importante e deve ser observado.

A umidade relativa do ar pode ser obtida, então, colocando os valores da temperatura de bulbo seco (Tbs) e bulbo úmido (Tbn) nas cartas psicrométricas.

Tipos de psicrômetros

Psicrômetro Estacionário: Apresenta o inconveniente de possibilitar a formação de uma camada de ar saturado de umidade em torno do bulbo úmido, antes de ser atingido o ponto de equilíbrio com a umidade presente no ar ambiente.

Psicrômetros de Aspiração (ou de ar aspirado): Apresenta dois termômetros que permanecem fixos, fazendo passar o ar com velocidade superior a 75m/min, por aspiração, sobre os bulbos dos dois termômetros.

Psicrômetro de Rotação (ou de funda): Nesse tipo de psicrômetro, o conjunto dos dois termômetros é que gira. Consiste de dois termômetros semelhantes, sendo um deles com o bulbo recoberto com pavio umedecido em água, conforme figura 4. O instrumento é girado rapidamente para provocar a evaporação da água. A diferença de temperatura registrada entre os dois termômetros indica o valor da umidade relativa no ábaco específico.

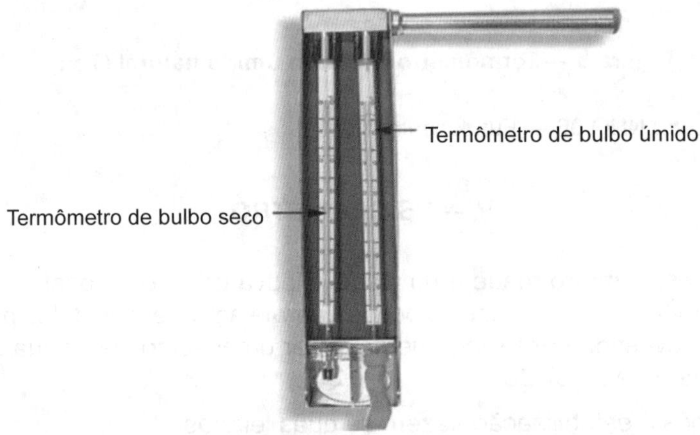

Figura 4 — Psicrômetro de funda ou de rotação

VI — ANEMÔMETRO

Esses instrumentos são utilizados para medição da velocidade do ar.

Existem vários tipos de anemômetros e os mais indicados para o levantamento de calor são aqueles mais sensíveis a pequenos fluxos de ar, que podem fazer leituras contínuas da movimentação de ar não direcional. Os anemômetros se dividem em três tipos de funcionamento: mecânicos, pressão e térmicos.

Anemômetros de Pás Giratórias: São os mais simples, porém só podem ser utilizados no caso de correntes unidirecionais (velocidade de mesma direção e sentido) e com velocidade suficiente para vencer a inércia das pás (velocidade maior do que 1m/s, e constante).

Anemômetros de Pás Basculantes (do tipo velômetro): Também têm por princípio de funcionamento os processos mecânicos.

Anemômetros de pressão: Tubo de pilot com manômetro.

Obs.: Os anemômetros mecânicos e de pressão são utilizados para medir correntes de ar de velocidades elevadas, constantes e unidirecionais.

Figura 5 — Anemômetro portátil

Termoanemômetro (Catatermômetro): Os anemômetros térmicos são bastante sensíveis a baixas velocidades, inclusive aquelas resultantes de movimentos unidirecionais, como agitação do ar. São, pois, utilizados para medir correntes de ar com baixas velocidades (e também elevadas), variáveis e multidirecionais. A figura 6 mostra um termoanemômetro portátil.

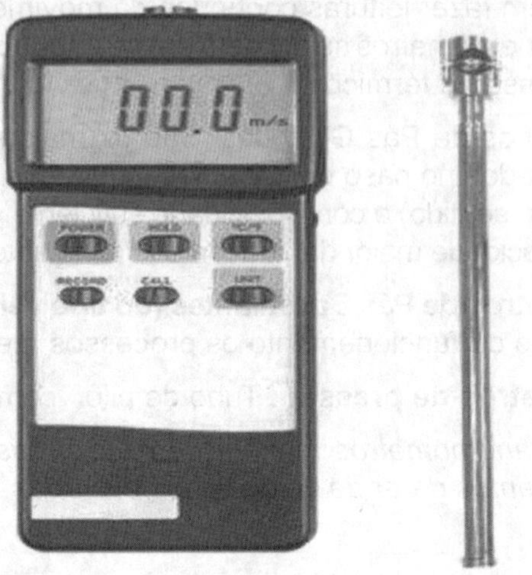

Figura 6 — Termoanemômetro portátil

PARTE 3

AVALIAÇÃO DE CALOR PARA FINS DE CONFORTO

I — AVALIAÇÃO DE CALOR PARA FINS DE CONFORTO

Muitas vezes, o calor não constitui risco de sobrecarga térmica nos ambientes de trabalho, no entanto, produz grande desconforto, especialmente onde se desenvolvem trabalhos intelectuais, por exemplo, escritórios, laboratórios, sala de desenho, dentre outros.

A NR-17 da Portaria n. 3.214 estabelece os parâmetros de condições de trabalho com as características psicofisiológicas, de modo a proporcionar o máximo de conforto, segurança e desempenho eficiente.

No subitem 17.5 da referida norma são estabelecidos os parâmetros das condições ambientais de trabalho. Com relação ao conforto térmico, o subitem 17.5.2 dispõe:

Nos locais de trabalho onde são executadas atividades que exijam solicitação intelectual e atenção constante, tais como salas de controle, laboratórios, escritórios, salas de desenvolvimentos ou análise de projetos, dentre outros, são recomendadas as seguintes condições de conforto:

A) Velocidade do ar não superior a 0,75 m/s;

B) Índice de temperatura efetiva entre 20 e 23°C;

C) Umidade relativa do ar não inferior a 40% (quarenta por cento).

a) Avaliação da velocidade do ar

A velocidade do ar é determinada por meio de um anemômetro ou termoanemômetro (Fig. 6). A NR-17 determina que a velocidade do ar superior a 0,75 m/s torna o ambiente desconfortável. A forma correta e precisa de determinar a velocidade é por meio do termoanemômetro ou anemômetro. Todavia, muitas vezes, é necessário fazer-se uma estimativa da velocidade do ar, sem contar com o auxílio do anemômetro ou termoanemômetro. Segundo a Engenheira Berenice Goelzer, como regra geral pode-se estimar da seguinte forma:

— Se não se sente o movimento do ar, a velocidade é inferior a 0,30 m/s (50 pés/min).

— Se for sentida uma ligeira brisa, a velocidade do ar é aproximadamente de 0,30 a 60 m/s (50 pés/min a 100 pés/min).

— Se o movimento do ar é suficientemente forte, como para fazer movimentar peças de vestir leves ou cabelo, sua velocidade é superior a 0,5 m/s (100 pés/min).

— Se há sensação de estar numa corrente forte de ar, a velocidade é provavelmente de 1,5 m/s (300 pés/min) ou mais.

Contudo, é importante ressaltar que, segundo a especialista, um bom investigador nunca deve pensar em avaliar um ambiente em seus sentidos quando resultados exatos são requeridos.[1]

b) Índice de Temperatura Efetiva

O índice de temperatura efetiva foi proposto pela American Society of Heating and Ventilanting Engineers (ASHVE), em 1923, como critério para avaliação de conforto. A temperatura efetiva combina a temperatura do ar, a umidade relativa do ar e o movimento do ar num único índice.

Até a publicação da Portaria n. 3.214, em 8 de junho de 1978, a avaliação de calor para fins de caracterização de insalubridade era feita por esse índice.

A Portaria n. 491 considerava insalubres os locais onde o índice de temperatura efetiva era superior a 28,0°C. No mesmo sentido, o Decreto n. 53.831/64 determinava que os locais com Índice de Temperatura Efetiva superior a 28,0°C geravam o direito a aposentadoria especial de 25 anos. Conforme mencionado anteriormente, hoje em dia, esse índice é usado para determinação do conforto térmico.

O Índice de Temperatura Efetiva é determinado por meio das temperaturas de bulbo seco (tbs) e úmido (tbu) e velocidade do ar. O procedimento da avaliação é o seguinte:

---

(1) GOELZER, Berenice. *Avaliação da sobrecarga térmica no ambiente de trabalho*. ABPA — Associação Brasileira de Prevenção de Acidentes. v.s: Higiene industrial.

— Com psicrômetro (Figura 4), determinam-se as temperaturas de bulbo seco e úmido;

— Medir a velocidade do ar utilizando-se o anemômetro (Figura 5) ou termoanemômetro (Figura 6);

— Com esses dados, obtém-se o Índice de Temperatura Efetiva (TE) no ábaco da figura 7.

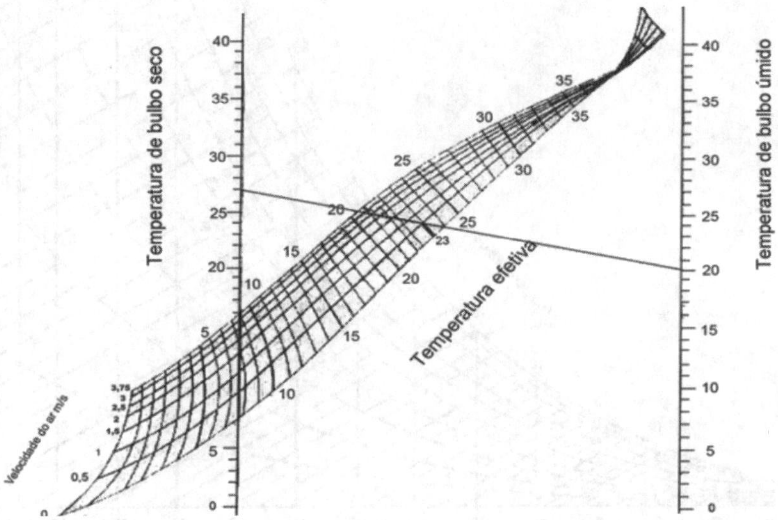

Figura 7 — Ábaco para determinação do Índice de Temperatura Efetiva

Exemplo: num determinado local, foi avaliado o Índice de Temperatura Efetiva. Os dados obtidos foram os seguintes:

— Temperatura de bulbo úmido (Tbu) = 20,0°C

— Temperatura de bulbo seco (Tbs) = 27,0°C

— Velocidade do ar = 0,5 m/s

Nesse caso, o Índice de Temperatura Efetiva é igual a 23,0°C, conforme assinalado no ábaco. O Índice de Temperatura Efetiva desse exemplo apresenta conformidade com a NR-17.

c) Umidade relativa do ar

A NR-17 estabelece que nos ambientes de trabalho a umidade relativa de ar não deve ser inferior a 40% (quarenta por cento). A umidade relativa do ar é determinada com uso do psicrômetro. Com os valores das temperaturas de bulbo úmido e seco, entra-se na carta psicrométrica da figura 8 e determina-se a umidade relativa do ar.

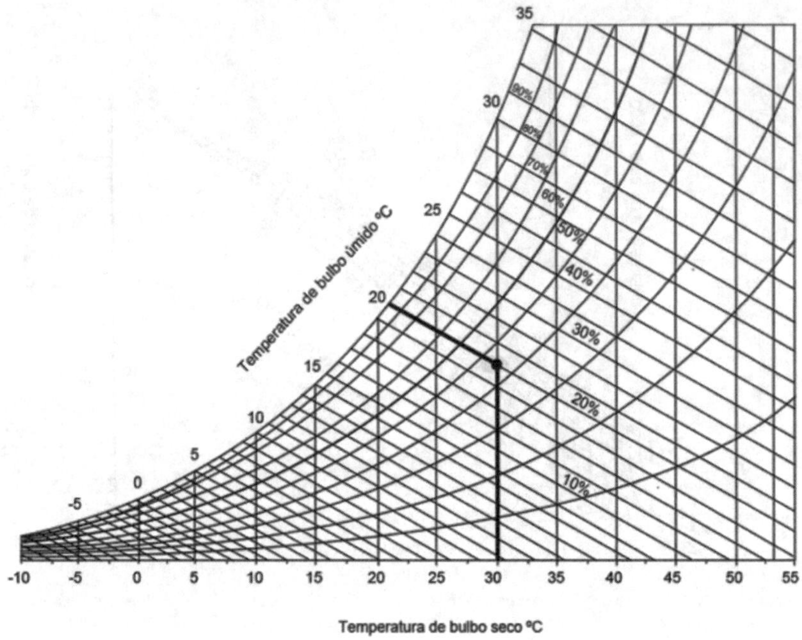

Figura 8 — Carta Psicrométrica

Exemplo:

Num determinado escritório, foi avaliada a umidade relativa do ar. Os dados obtidos foram os seguintes:

— Temperatura de bulbo úmido (Tbu) = 20,0°C

— Temperatura de bulbo seco (Tbs) = 30,0°C

Com esses dados, obtém-se, pela carta psicrométrica (Figura 8), a umidade relativa do ar igual a 35%. Esse valor está em conformidade com a NR-17.

O Apêndice II mostra um modelo de laudo técnico de avaliação ao calor para fins de conforto térmico.

II — TEMPERATURA EFETIVA CORRIGIDA (TEC)

A temperatura efetiva corrigida torna-se medida um pouco mais precisa, pois considera o calor radiante. Para obtenção desse índice, utiliza-se temperatura de bulbo seco (Tbs), temperatura de bulbo úmido (Tbn), temperatura de globo (Tg) e a velocidade do ar.

Para cálculo de temperatura efetiva corrigida, é necessário seguir os seguintes passos:

No ábaco da temperatura efetiva (Figura 7), substitui-se o valor de temperatura de ar (Tbs) pela temperatura de globo (Tg), e a temperatura de bulbo úmido pelo seu valor corrigido, que se obtém da seguinte maneira:

a) Numa carta psicrométrica (Figura 8), determina-se o valor da umidade relativa do ar, utilizando os valores do Tbs e Tbu.

b) A seguir, mantém-se a umidade relativa constante, entrando-se com o novo valor de temperatura do ar, dado pela Tg, obtendo-se o valor corrigido de Tbn, que deverá, então, ser utilizado no ábaco de temperatura efetiva.

c) Com os valores de Tg, Tbu corrigida e velocidade do ar, determina-se a temperatura efetiva corrigida.

Exemplo:

Um determinado ambiente com calor radiante apresentou os seguintes dados:

— Tbs = 32°C

— Tbu = 22°C

— V =1,0 m/s

— Tg = 42°C

Calcular a temperatura efetiva corrigida:

a) Na carta psicrométrica, entra-se com o valor de:

Tbs = 32°C

Tbu = 22°C Obtém-se UR = 40%

Mantendo-se constante o valor de umidade relativa, entrando-se com o valor de Tg (no lugar de Tbs), obtém-se o valor de Tbu corrigida. UR = 40%.

Tg = 42°C $Tbu_{corrigida}$ = 25°C

b) Entrando-se com o valor de Tg e Tbu corrigida no ábaco de temperatura efetiva, obtém-se temperatura efetiva corrigida.

Tg = 42°C $Tbu_{corrigida}$ = 29°C Þ TEC = 32°C

Os parâmetros de comparação para temperatura efetiva são os estabelecidos pela NR-17, Portaria 3214, para efeito de conforto térmico.

PARTE 4

AVALIAÇÃO OCUPACIONAL DE CALOR

A avaliação ocupacional do calor deve ser feita utilizando-se os índices que levam em conta todos os fatores ambientais que influenciam na sobrecarga térmica, bem como os fatores fisiológicos e alternância de tempo de trabalho/descanso. Dentre esses índices, destacam-se: o IST (Índice de Sobrecarga Térmica), TGU (Índice Termômetro de Globo Úmido) e o IBUTG (Índice de Bulbo Úmido Termômetro de Globo)

I — ÍNDICE DE SOBRECARGA TÉRMICA — IST — CRITÉRIO DE BELDING E HATCH

O índice de sobrecarga térmica — IST foi proposto por Belding e Hatch (Universidade de Pittsburgh) em 1955, e consiste na avaliação das trocas térmicas e parâmetros fisiológicos do equilíbrio homeotérmico, tais como: condução, convecção, radiação, evaporação, calor metabólico, além do tempo de exposição. A principal desvantagem desse índice é a complexidade do cálculo para deteminação exata de todos parâmetros físicos e do metabolismo total, que nem sempre são facilmente mensuráveis de forma exata (MARTINEZ,1981). Entretanto, para a adoção de medidas de controle, esse índice é mais conveniente, pois permite a visualização dos parâmetros que mais contribuem para sobrecarga térmica.

O IST expressa a relação entre a quantidade de calor que deve ser dissipada pelo corpo por meio da evaporação do suor (Ereq) e a quantidade máxima de calor que pode ser dissipada, também pela evaporação do suor (Emax). É expresso pela seguinte relação percentual.

$$IST = \frac{E_{req}}{E_{max}} \times 100$$

Em que:

E_{req} = quantidade de calor que o organismo necessita dissipar por evaporação, que é a soma dos fatores M, C e R.

E_{max} = quantidade máxima de calor que o organismo pode dissipar por evaporação, quando o corpo estiver completamente molhado e à temperatura de 35°C.

Quando IST = 100 correspondente à sobrecarga térmica máxima permissível diariamente, para homens jovens, adaptados e aclimatizados ao trabalho.

Quando IST > 100 significa que o balanço térmico não é mantido e a sudorese é exigida em excesso, não podendo o trabalhador ficar exposto ao calor durante 8 horas diárias de trabalho sem efeitos adversos à saúde.

Nesse caso, é necessário estabelecer os períodos de trabalho e descanso, que podem ser calculados a partir das equações:

$$\textit{Tempo máximo de trabalho (horas)} = \frac{250}{E_{req} - E_{max}}$$

$$\textit{Tempo mínimo de descanso (horas)} = \frac{250}{E_{max} - E_{req(descanso)}}$$

Em que:

$E_{req(descanso)}$ = quantidade de calor que o organismo necessita dissipar no período e no local de descanso.

Desse modo, para calcular $R_{req(descanso)}$ são necessárias avaliações dos fatores ambientais no local de descanso do trabalhador, que deverá, sempre que possível, ser afastado das fontes de calor radiante, onde a temperatura é mais amena. Logicamente, quanto mais favorável forem as condições ambientais no local de descanso, menor será o tempo de descanso requerido.

Se IST < 100, significa que o ambiente de trabalho não prejudica a saúde do trabalhador.

Os valores de E_{req} e E_{max} podem ser obtidos gráfica ou matematicamente. Na prática, utilizam-se os ábacos elaborados por Belding e Hatch (Fig. 8), nos quais se obtêm os valores de IST a partir de Tg, velocidade do ar, Tbs, Tbu e metabolismo.

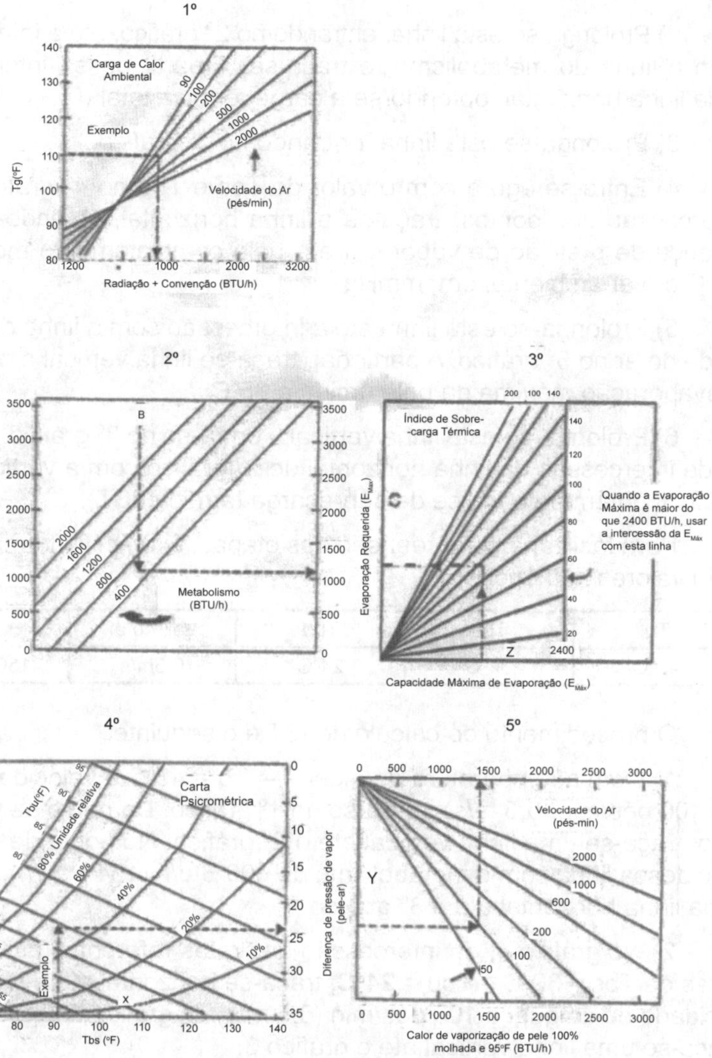

Figura 9 — Ábacos de Belding e Hatch

Para calcular o IST, deve-se seguir as seguintes etapas:

1) Entra-se no 1º gráfico e, na intercessão do valor de Tg e velocidade do ar, traça-se uma linha vertical, obtendo-se a carga térmica devido ao calor radiante e à convecção (R + C).

2) Prolonga-se esta linha, entrando no 2º gráfico, até a intercessão com a linha do metabolismo, e traça-se, a partir dessa intercessão, uma linha horizontal, obtendo-se a carga térmica total (R + C + M).

3) Prolonga-se esta linha, entrando no 3º gráfico.

4) Entra-se agora com o valor de Tbs e Tbu no 4º gráfico e, na intercessão dos pontos, traça-se a linha horizontal, obtendo-se a diferença de pressão de vapor entre a pele completamente molhada a 35ºC e o ar ambiente, em mmHg.

5) Prolonga-se esta linha até a intercessão com a linha de velocidade do ar no 5º gráfico. A partir daí, traça-se linha vertical e obtém-se a evaporação máxima da pele úmida a 35ºC.

6) Prolonga-se esta linha vertical e entra-se no 3º gráfico. No ponto de intercessão da linha horizontal do 2º gráfico com a vertical do 5º gráfico, obtém-se o índice de sobrecarga térmica (IST).

Para facilitar a compreensão das etapas, exemplificaremos agora com valores numéricos:

Tg	Tbs	Tbu	Vel. do ar	M
43ºC	32ºC	24ºC	0,5m/s	150kcal/h

O procedimento do cálculo do IST é o seguinte:

1) Com a temperatura de globo — Tg = 43ºC e velocidade do ar de 100 pés/min (0,5 m/s), entra-se no 1º gráfico. Do ponto de intercessão, traça-se uma linha vertical até o 2º gráfico. No ponto de intercessão dessa linha com o metabolismo de 600 Btu/h (154 kcal/h), traça-se uma linha horizontal até o 3º gráfico.

2) No gráfico 4, da intercessão das retas referentes às temperaturas de Tbs = 32ºC e Tbu = 24ºC, traça-se horizontal até a reta de velocidade do ar igual a 100 pés/min (0,5 m/s) do gráfico 5. Desse ponto, traça-se uma linha vertical até o gráfico 3.

3) Da intercessão da linha horizontal do gráfico 2 com a linha vertical do gráfico 5 obtém-se o valor de IST = 90, conforme ábaco da figura 9.

Para a interpretação do valor do IST, deve-se consultar a Tabela 2.

TABELA 2

Avaliação do índice de sobrecarga térmica

ÍNDICE DE SOBRECARGA CALÓRICA	CONSEQUÊNCIAS FISIOLÓGICAS E HIGIÊNICAS DE EXPOSIÇÃO DE 8 HORAS A DISTINTAS SOBRECARGAS CALÓRICAS
–20 –10	Tensão leve por frio. Essa condição se encontra com frequência em áreas nas quais as pessoas se recuperam da exposição ao calor.
0	Não há tensão térmica.
+10 20 30	Tensão térmica leve a moderada. Quando um trabalho requer altas funções intelectuais, destreza ou estado de alerta, pode-se esperar diminuições sutis a substâncias no rendimento. Pode-se esperar uma diminuição ligeira no desempenho de tarefas físicas pesadas, a menos que a habilidade das pessoas para desempenhar esse trabalho, sem tensão térmica, seja marginal.
40 50 60	Tensão térmica severa, com ameaça para a saúde, a menos que as pessoas estejam em bom estado físico. São necessários períodos de adaptação para os não previamente aclimatados. Pode-se esperar diminuição do desempenho de trabalhos físicos. É desejável a seleção médica do pessoal, porque estas condições são inadequadas para os que têm problemas cardiovasculares e respiratórios ou dermatites crônicas. Essas condições de trabalho são também inadequadas para atividades que requeiram um esforço mental constante.
70 80 90	Tensão térmica grave. Pode-se esperar que apenas uma pequena porcentagem da população esteja qualificada para este trabalho. O pessoal deve ser selecionado mediante exame médico e exame no trabalho (após a aclimatação). São necessárias medidas apropriadas para assegurar bom insumo adequado de água e sal. É bastante desejável que se melhorem as condições de trabalho por todos os meios possíveis, e cabe esperar que isto diminua o risco para a saúde e aumente, ao mesmo tempo, a eficiência no trabalho. As indisposições ligeiras que na maioria das tarefas seriam suficientes para afetar o rendimento podem incapacitar os trabalhadores para esta exposição.
100	A máxima tensão tolerada por homens jovens, em bom estado físico e aclimatados.

II — ÍNDICE TERMÔMETRO DE GLOBO ÚMIDO

O índice termômetro de globo úmido foi desenvolvido em 1971 por J. H. Esse índice é obtido com o termômetro de globo úmido (botsball), que consiste em uma esfera oca de 6cm de diâmetro, pintada de tinta preta fosca, recoberta por uma camada dupla de tecido negro. Esse tecido é continuamente umedecido com água destilada, proveniente de tubo reservatório de alumínio ligado à esfera. Pelo interior do tubo passa a haste do termômetro mostrador, cuja extremidade fica no centro da esfera. As leituras são efetuadas diretamente na escala do mostrador cinco minutos após a estabilização. A figura 10 mostra o instrumento descrito.

Figura 10 — Termômetro de globo úmido

Esse método apresenta a grande vantagem de utilizar um único instrumento, que por meio de uma leitura fornece o índice de sobrecarga térmica. Além disso, a estabilização é rápida; o instrumento é robusto e pequeno, permitindo sua colocação perto do trabalhador exposto; possibilita correlacionar os valores com os outros índices de sobrecarga térmica, especialmente o IBUTG (PIERRE,1997).

Desde 1971 até hoje, vários artigos discutem a relação entre IBUTG e TGU (Botsball). Assim, foram desenvolvidas equações e tabelas de conversão entre os referidos índices. Sendo assim, sugere-se aos leitores a consulta da bibliografia para mais detalhes sobre as fórmulas de transformações dos referidos índices. Ademais, o valor do índice TGU também pode ser comparado com limites específicos em função do regime de trabalho/descanso, como pode ser verificado na bibliografia mencionada.

III — ÍNDICE DE BULBO ÚMIDO TERMÔMETRO DE GLOBO — IBUTG

O índice de temperatura de bulbo úmido termômetro de globo (IBUTG) é o índice mais utilizado no mundo. Esse índice foi desenvolvido por Constantine Yaglou e David Minard, em 1957, durante investigação realizada nos treinamentos dos recrutas da marinha dos Estados Unidos expostos ao sol usando uniformes verdes. Foi observado que o risco devido à exposição ao calor era reduzido, enquanto as pausas e a diminuição do tempo de treinamento dos recrutas eram definidas utilizando-se o índice IBUTG, em vez da temperatura do ar (temperatura comum) (OIT, 1989).

Atualmente o IBUTG é adotado pela maioria das normas internacionais para avaliação da exposição ocupacional ao calor. A NR-15, anexo 3 da Portaria 3214, em 1978, com base na ACGIH também adotou o IBUTG para a avaliação ocupacional do calor e, consequentemente, para a caracterização ou não da insalubridade. A NHO -06 da Fundacentro também adota o IBUTG para avaliação ocupacional do calor.

O índice IBUTG leva em consideração todos os parâmetros que influenciam na sobrecarga térmica. Além disso, permite o cálculo de períodos adequados de trabalho-descanso, no caso em que o índice ultrapassa os limites estabelecidos.

Em 1978, a Portaria n. 3.214 adotou o IBUTG para avaliação ocupacional do calor, para fins de caracterização da possível insalubridade (NR-15, anexo 3). O IBUTG consiste em um índice de sobrecarga térmica definido por uma equação matemática que correlaciona alguns parâmetros medidos no ambiente de trabalho.

A equação para o cálculo do índice varia em função da presença ou não de carga solar no ambiente de trabalho, no momento da medição, conforme apresentado a seguir.

— *Ambientes internos ou externos sem carga solar*

IBUTG = 0,7 Tbn + 0,3 Tg

— *Ambientes externos com carga solar*

IBUTG = 0,7 Tbn + 0,2 Tg + 0,1 Tbs

Em que:

Tbn = temperatura de bulbo úmido natural (°C)

Tg = temperatura de globo (°C)

Tbs = temperatura de bulbo seco (°C)

O valor de IBUTG obtido e o metabolismo estimado para atividade no local de trabalho são comparados aos limites de exposição estabelecidos pelas normas técnicas específicas. Considerando que o Índice de Bulbo Úmido Termômetro de Globo atualmente é utilizado pela ACGIH (*American Conference of Governmental Industrial Hygienists*), NIOSH (*National Institute for Occupational Safety and Health*), NR-15, Fundacentro, ele será, a seguir, analisado com mais detalhes.

3.1. Instrumentos de medição

Para medição do IBUTG são necessários os seguintes termômetros:

— Termômetro de bulbo úmido natural (Tbn)

— Termômetro de globo (Tg)

— Termômetro de bulbo seco (Tbs)

A descrição e especificação desses termômetros estão no capítulo 2.

A) Conjunto de termômetros convencionais

Os termômetros de bulbo úmido natural, globo e bulbo seco são montados em um tripé e posicionados de maneira que os bulbos fiquem todos alinhados segundo um plano horizontal, conforme mostra a figura 11. Além disso, os termômetros devem ser montados à altura da região do corpo mais atingida pelo calor.

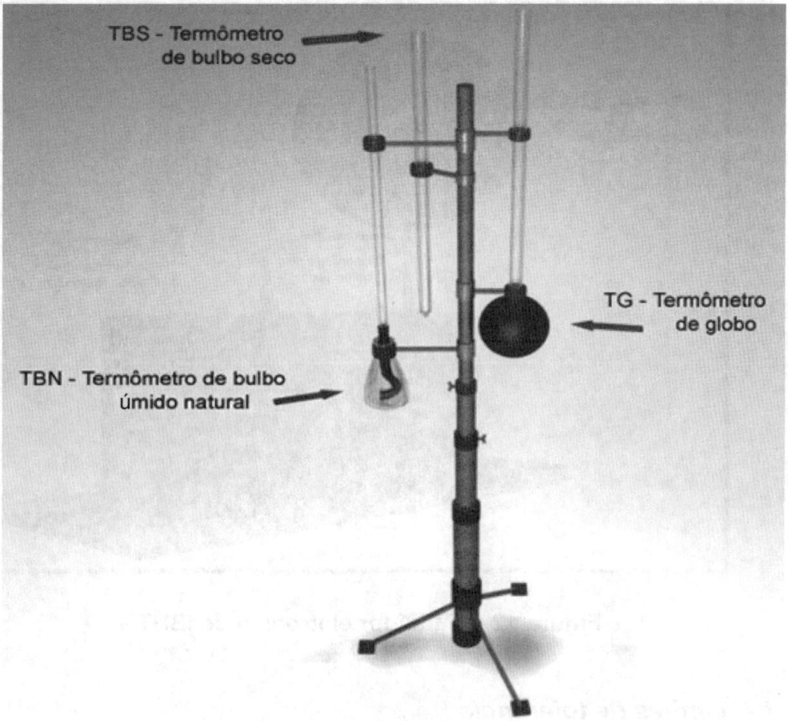

Figura 11 — Montagem dos termômetros no tripé

Fonte: Fundacentro, 2002, p. 27.

B) Medidor eletrônico (não convencional)

Segundo a NHO 06 da Fundacentro, é permitida a utilização do equipamento eletrônico para determinação do IBUTG, ou outros dispositivos para medição das temperaturas de globo, de bulbo úmido natural e de bulbo seco, desde que, para quaisquer condições de trabalho avaliadas, apresentem resultados equivalentes aos que seriam obtidos com a utilização do conjunto convencional.

Esses instrumentos são constituídos de sensores eletrônicos que medem de forma idêntica aos termômetros de mercúrio e, normalmente, possuem processadores que apresentam o IBUTG já calculado. A figura 12 mostra um medidor de calor eletrônico.

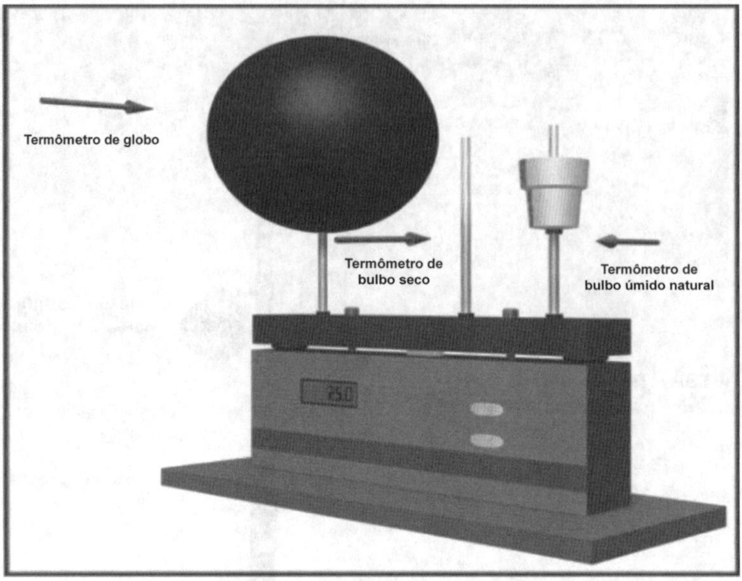

Figura 12 — Medidor eletrônico de IBUTG

3.2. Limites de tolerância

Segundo a ACGIH, os limites de tolerância referem-se às condições de sobrecarga térmica, a que se acredita que a maioria dos trabalhadores possa estar repetidamente exposta, sem sofrer efeitos adversos à sua saúde. Esses limites são baseados na presunção de que a maioria dos trabalhadores aclimatizados, completamente vestidos (por ex. calças e camisas leves), e que estejam ingerindo quantidade adequada de água e sal deveria ser capaz de realizar suas funções de maneira efetiva nas condições de trabalho dadas, sem exceder a temperatura do núcleo do corpo de 38°C (100,4°F).

A NR-9 da Portaria n. 3.214 estabelece a obrigatoriedade da implantação do PPRA (Programa de Prevenção de Risco Ambiental). O subitem 9.3.5.1 dispõe que devem ser adotadas medidas de controle dos riscos ambientais quando:

— *Os resultados das avaliações quantitativas da exposição excederem os valores do limite previsto na NR-15 ou, na ausência deste, os valores limites de exposição ocupacional adotados pela ACGIH ou aqueles que venham a ser estabelecidos em negociação coletiva, desde que mais rigorosos que os critérios técnicos--legais estabelecidos.*

Portanto, os critérios a serem adotados nas avaliações quantitativas são aqueles fixados na NR-15, no entanto, considerando que essa norma apresenta algumas omissões e, até mesmo, certos parâmetros de interpretação controvertida na avaliação ocupacional do calor, os critérios de ACGIH podem subsidiar essa avaliação e análise da exposição. Outra norma que pode ser observada é a NHO-06 da Fundacentro, que estabelece procedimentos detalhados sobre avaliação da exposição ocupacional do calor. Desse modo, a seguir serão explicados os limites de tolerância de exposição ao calor contidos na NR-15, com a integração das regras contidas na ACGIH e da NHO-06 compatíveis com a NR-15, especialmente onde há omissão.

3.3. Critério NR-15 (Limites de tolerância)

Atualmente, o IBUTG é o método mais simples e adequado para medir os fatores ambientais, tendo sido adotado pela maioria das normas, inclusive pela NR-15 em seu anexo 3. Segundo a NR-15, entende-se como limite de tolerância: "A concentração ou intensidade máxima ou mínima, relacionada com a natureza e o tempo de exposição ao agente, que não causará dano à saúde do trabalhador, durante sua vida laboral." Para a ACGIH, os limites para o calor referem-se às condições de sobrecarga térmica às quais se acredita que a maioria dos trabalhadores adequadamente hidratados, não medicados e com boa saúde, usando roupas leves de verão, pode ser repetidamente exposta sem efeitos adversos à saúde. A seguir a transcrição dos limites da NR-15.

Limites de tolerância para exposição ao calor, em regime de trabalho intermitente com períodos de descanso no próprio local de prestação de serviço. Em função do índice obtido, o regime de trabalho intermitente será definido no Quadro 1.

QUADRO 1

QUADRO 01	*TIPO DE ATIVIDADE — TEMPERATURA (°C)*		
REGIME DE TRABALHO INTERMITENTE COM DESCANSO NO PRÓPRIO LOCAL DE TRABALHO (POR HORA)	LEVE	MODERADA	PESADA
Trabalho contínuo	até 30,0	até 26,7	até 25,0
45 minutos de trabalho 15 minutos de descanso	30,1 a 30,6	26,8 a 28,0	25,1 a 25,9
30 minutos de trabalho 30 minutos de descanso	30,7 a 31,4	28,1 a 29,4	26,0 a 27,9
15 minutos de trabalho 45 minutos de descanso	31,5 a 32,2	29,5 a 31,1	28,0 a 30,0
Não é permitido o trabalho, sem a adoção de medidas de controle	acima de 32,2	acima de 31,1	acima de 30,0

1. Em função do índice obtido, o regime de trabalho intermitente será definido no quadro n. 1.

2. Os períodos de descanso serão considerados tempo de serviço para todos os efeitos legais.

3. A determinação do tipo de atividade (Leve, Moderada ou Pesada) é feita consultando-se o Quadro n. 3.

Limites de tolerância para exposição ao calor, em regime de trabalho intermitente com período de descanso em outro local (local de descanso).

1. Para os fins deste item, considera-se como local de descanso ambiente termicamente mais ameno, com o trabalhador em repouso ou exercendo atividade leve.

2. Os limites de tolerância são dados segundo o Quadro n.2.

QUADRO 2

M (kcal/h)	MÁXIMO IBUTG (°C)
175	30,5
200	30,0
250	28,5
300	27,5
350	26,5
400	26,0
450	25,5
500	25,0

Em que: M é a taxa de metabolismo média ponderada para uma hora, determinada pela seguinte fórmula:

$$M = \frac{M_t \times T_t + M_d \times T_d}{60}$$

Sendo:

M_t — taxa de metabolismo no local de trabalho.

T_t — soma dos tempos, em minutos, em que se permanece no local de trabalho.

M_d — taxa de metabolismo no local de descanso.

T_d — soma dos tempos, em minutos, em que se permanece no local de descanso.

$\overline{IBUTG}$ é o valor IBUTG médio ponderado para uma hora determinado pela seguinte fórmula:

$$\overline{IBUTG} = \frac{IBUTG_t \times T_t + IBUTG_d \times T_d}{60}$$

Sendo:

$IBUTG_t$ — valor do IBUTG no local de trabalho.

$IBUTG_d$ — valor do IBUTG no local de descanso.

T_t e T_d — como anteriormente definidos.

Os tempos T_t e T_d devem ser tomados no período mais desfavorável do ciclo de trabalho, sendo $T_t + T_d = 60$ minutos corridos.

As taxas de metabolismo M_t e M_d serão obtidas consultando-se o Quadro 3.

Os períodos de descanso serão considerados tempo de serviço para todos os efeitos legais.

QUADRO 3

TAXAS DE METABOLISMO POR TIPO DE ATIVIDADE

TIPO DE ATIVIDADE	Kcal/h
SENTADO EM REPOUSO	100
TRABALHO LEVE:	
Sentado, movimentos moderados com braços e tronco (Ex.: digitação).	125
Sentado, movimentos moderados com braços e pernas (Ex.: dirigir).	150
De pé, trabalho leve, em máquina ou bancada, principalmente com os braços.	150
TRABALHO MODERADO:	
Sentado, movimentos vigorosos com braços e pernas.	180
De pé, trabalho leve em máquinas ou bancada, com alguma movimentação.	175
De pé, trabalho moderado em máquina ou bancada, com alguma movimentação.	220
Em movimento, trabalho moderado de levantar ou empurrar.	300
TRABALHO PESADO:	
Trabalho intermitente de levantar, empurrar ou arrastar pesos (Ex.: remoção com a pá).	440
Trabalho fatigante.	550

Como pode ser verificado na norma transcrita, foram definidos dois limites de tolerância para exposição ao calor. O primeiro sem local de descanso (Quadro 1), enquanto no Quadro 2 os limites são válidos quando é definido um local de descanso termicamente mais ameno, onde o trabalhador permaneça em repouso ou exerça atividade leve. No Quadro 1, a norma define regime de trabalho com descanso no próprio local, no entanto, na prática dificilmente é possível definir essa situação. Assim, a maneira mais fácil de interpretar, a meu ver, é considerar o trabalho como contínuo. Exemplo: para atividade leve, o IBUTG superior a 30°C, há risco de exposição ao calor. No Quadro 2, o limite de tolerância é definido em função das médias ponderadas da IBUTG e das taxas de metabolismo. Assim, é fundamental analisar o ciclo de trabalho e o local de descanso, conforme a definição legal: local termicamente mais ameno e atividade leve ou repouso.

A NHO 06 da Fundacentro, além de preencher as lacunas do Anexo 3 da NR-15, auxilia na interpretação de maneira científica do índice de avaliação adotado (IBUTG) pela norma do MTE. A classificação da taxa de metabolismo em função da atividade no Quadro 3, Anexo 3 da NR-15, muitas vezes oferece dificuldades ao intérprete, pois várias situações se confundem e dificultam o enquadramento correto do tipo de atividade e o respectivo valor da taxa metabólica. A NHO, além de recomendar a consulta das normas ISO 8.996/90 e ACGIH, fornece um quadro detalhado de atividade para a estimativa do metabolismo, conforme transcrito no Quadro 4.

QUADRO 4

TAXA METABÓLICA POR TIPO DE ATIVIDADE

Atividade	Taxa metabólica (kcal/h)[a]	Taxa metabólica (W/m^2)[b]
SENTADO		
• Em repouso	90	58
• Trabalho leve com as mãos (ex.: escrever, digitar)	105	68
• Trabalho moderado de mãos e braços (ex.: desenhar, trabalho leve de montagem)	125	81
• Trabalho leve de braços e pernas (ex.: dirigir em rodovia, trabalho em máquina de costura não motorizada)	170	110
• Trabalho pesado de mãos e braços (ex.: bater pregos, limar)	210	136
• Trabalho moderado de braços e pernas (ex.: dirigir ônibus ou caminhão em trânsito urbano)	215	139
EM PÉ		
• Em repouso	115	74
• Trabalho leve em máquina ou bancada, principalmente com os braços	150	97
• Trabalho leve em máquina ou bancada, com alguma movimentação	175	113
• Trabalho moderado de braços e troncos (ex.: limar, passar a ferro, bater pregos)	225	146
• Trabalho pesado de braços e troncos (ex.: corte manual com serrote ou serra)	365	236
• Andando no plano		
• 2 km/h	170	110
• 3 km/h	217	140
• 4 km/h	255	165
• 5 km/h	309	200

Atividade	Taxa metabólica (kcal/h)[a]	Taxa metabólica (W/m²)[b]
EM PÉ, EM MOVIMENTO		
• Subindo rampa (3 km/h)		
• a 5º de inclinação	302	195
• a 10º de inclinação	425	275
• a 15º de inclinação	603	390
• Descendo rampa (5 km/h)		
• a 5º de inclinação	201	130
• a 10º de inclinação	178	115
• a 15º de inclinação	186	120
• Subindo escada (80 degraus por minuto — altura do degrau de 0,17m)	681	440
• Subindo escada com carga moderada	725	469
• Descendo escada (80 degraus por minuto — altura do degrau de 0,17m)	240	155
• Trabalho moderado de braços (ex.: varrer, trabalho em almoxarifado)	275	178
• Trabalho moderado de levantar ou empurrar	300	194
• Trabalho de empurrar carrinhos de mão, em nível, com carga	335	217
• Trabalho de carregar pesos ou com movimentos vigorosos com os braços (ex.: trabalho com foice)	425	275
• Trabalho pesado de levantar, empurrar ou arrastar pesos (ex.: remoção com pá, abertura de valas)	450	291
• Transportando carga, no plano (4 km/h)		
• peso de 10 kg	286,1	185
• peso de 30 kg	386,6	250
• peso de 50 kg	556,7	360
• Correndo		
• 9 km/h	675	437
• 12 km/h	750	485
• 15 km/h	850	550

Fonte: Fundacentro, 2002, p. 15

Nota:

[a] Taxa metabólica definida para o homem-padrão (área superficial igual a 1,8m²).

[b] Relação matemática de conversão das unidades para o homem-padrão: 1kcal/h = 0,859107 x 1,8 W/m².

Outra dificuldade enfrentada é o correto enquadramento do (média ponderada) e $\overline{\text{IBUTG}}$ (média ponderada) no Quadro 2 do Anexo 3, NR-15, vez que o intervalo entre os valores limites de tolerância é grande. A NHO-6 da Fundacentro fornece quadro com os valores interpolados, facilitando aos intérpretes a verificação de conformidade ou não dos dados obtidos, conforme transcrição do Quadro 5.

QUADRO 5

LIMITES DE TOLERÂNCIA NHO-06

MKcal/h	$\text{IBUTG}_{\text{MÁX}}$ (IBUTG máximo permitido) (°C)	MKcal/h	$\text{IBUTG}_{\text{MÁX}}$ (IBUTG máximo permitido) (°C)
125	32,0	268	28,4
128	31,9	272	28,3
132	31,8	277	28,2
136	31,7	282	28,1
139	31,6	286	28,0
143	31,5	290	27,9
146	31,4	285	27,8
150	31,3	299	27,7
154	31,2	303	27,6
157	31,1	307	27,5
162	31,0	311	27,4
165	30,9	316	27,3
169	30,8	321	27,2
173	30,7	327	27,1
176	30,6	333	27,0
181	30,5	338	26,9
184	30,4	344	26,8

MKcal/h	$IBUTG_{MÁX}$ (IBUTG máximo permitido) (°C)	MKcal/h	$IBUTG_{MÁX}$ (IBUTG máximo permitido) (°C)
188	30,3	350	26,7
192	30,2	356	26,6
196	30,1	361	26,5
200	30,0	367	26,4
204	29,9	373	26,3
209	29,8	379	26,2
213	29,7	385	26,1
218	29,6	391	26,0
222	29,5	397	25,9
227	29,4	400	25,8
231	29,3	406	25,7
236	29,2	416	25,6
240	29,1	425	25,5
244	29,0	434	25,4
247	28,9	443	25,3
250	28,8	454	25,2
254	28,7	470	25,1
259	28,6	500	25,0
263	28,5	—	—

Fonte: Fundacentro, 2001, p. 17

A seguir alguns exemplos de aplicação dos limites de tolerância da NR-15.

Exemplo 1

Um trabalhador fica exposto ao calor continuamente junto a um forno (sem local de descanso) durante duas horas. Feita a avaliação do calor no local, foram obtidos os seguintes dados.

— Temperatura de Bulbo úmido natural (Tbn) = 25,0°C

— Temperatura de Globo (Tg) = 45°C

— Ambiente interno sem carga solar

— Tipo de atividade: remoção com pá

Solução:

a) IBUTG = 0,7 x 25 + 0,3 x 45 = 31,0°C

b) Tipo de atividade: remoção com pá é uma atividade pesada, conforme Quadro 3, Anexo 3, NR-15.

c) De acordo com o Quadro n. 1, Anexo 3, NR-15, para atividade Pesada e IBUTG = 31,0°C, não é permitido o trabalho sem adoção de medidas de controle. Sendo assim, nesse exemplo, a exposição ao calor superou o limite de tolerância.

Exemplo 2

Numa avaliação de calor, verificou-se que o ciclo de trabalho, no período de 60 minutos, era o seguinte: carregar o forno durante 20 minutos e realizar anotações sentado em local termicamente mais ameno num tempo de 40 minutos.

No Quadro 2 são fixados limites de tolerância para descanso num local teoricamente mais ameno, onde o empregado deverá permanecer em repouso ou exercendo atividade leve (Anexo 3, NR-15). Assim, devem-se determinar para os locais de trabalho e descanso os seguintes parâmetros: IBUTG, tempos de exposição, estimativa do metabolismo, conforme o Quadro 3 e as médias ponderadas determinadas pelo Anexo 3. Em seguida, deve-se comparar o metabolismo média ponderada ($\overline{M}$) com máximo $\overline{IBUTG}$ (média ponderada), conforme o Quadro 2, Anexo 3, NR-15.

Local de Trabalho

— Atividade: Carregamento de forno, Taxa de metabolismo estimada de 440 kcal/h, conforme o Quadro 3.

— $IBUTG_T$ = 31,0°C

— Tempo de Trabalho (T_t) = 20 minutos

Local de Descanso

— Atividade: sentado fazendo anotações. Taxa de metabolismo igual a 150 kcal/h, conforme o Quadro 3.

— $IBUTG_d$ = 23,0°C

— Tempo de Descanso (T_d = 40 minutos)

Solução

Como há um local de descanso, conforme a definição legal (local termicamente mais ameno, onde o trabalhador executa atividade leve), devem-se calcular as médias ponderadas do IBUTG e metabolismo.

a) Cálculo da taxa de metabolismo média ponderada para 1 hora (60 minutos)

$$\overline{M} = \frac{440 \times 20 + 150 \times 40}{60} = 246{,}6 \text{ kcal/h} = 250 \text{ kcal/h}$$

b) Cálculo do IBUTG médio ponderado para 1 hora (60 minutos)

$$\overline{IBUTG} = \frac{31 \times 20 + 23 \times 40}{60} = 25{,}6^{o}C$$

c) De acordo com o Quadro 2, para $\overline{M}$ = 250 kcal/h, o máximo $\overline{IBUTG}$ permitido é de 28,5ºC. Como o local apresentou IBUTG = 25,6ºC, o limite de tolerância não foi ultrapassado.

A NR-15 determina que as medições de calor devem ser feitas no período mais desfavorável do ciclo de trabalho e no tempo de 60 (sessenta) minutos (alternância trabalho/descanso).

3.4. Critério da ACGIH

A ACGIH menciona que o objetivo de seu limite de tolerância é manter a temperatura do núcleo do corpo dentro de +1°C da temperatura normal (37°C). Esse limite representa as condições às quais se acredita que a maioria dos trabalhadores saudáveis, aclimatizados para o calor, adequadamente hidratados, que não estejam fazendo uso de medicamentos, possa estar repetidamente exposta, sem sofrer efeitos adversos à saúde. O Limite de Ação (LA) oferece proteção similar para trabalhadores não aclimatados e representa as condições que devem ser levadas em conta no programa de gerenciamento da sobrecarga térmica. Embora não sejam integrantes do limite, oferecem-se conhecimentos básicos de um programa de gerenciamento de sobrecarga térmica. A ACGIH também adota o IBUTG na avaliação ocupacional do calor, no entanto, essa norma determina que deve ser feita a avaliação da sobrecarga térmica e fisiológica conforme fluxograma de tomada de decisão contido nela. Assim, primeiro é feita a avaliação da exposição ao calor e comparação com os limites de tolerância e nível de ação pelo critério simplificado. Caso esses limites sejam excedidos, deve-se efetuar a avaliação detalhada e, se a exposição for excessiva, é recomendado o monitoramento fisiológico. No critério de avaliação da ACGIH, outros parâmetros são levados em consideração, tais como:

aclimatação e vestimentas utilizadas (ACGIH, 2013). Portanto, na avaliação ocupacional do calor, é importante consultar a ACGIH.

3.5. Procedimento de Avaliação Ocupacional

— Definir o GHE (Grupo Homogêneo de Exposição). O Grupo Homogêneo de Exposição corresponde a um grupo de trabalhadores que experimentam exposição semelhante, de forma que o resultado fornecido pela avaliação da exposição de qualquer trabalhador do grupo seja representativo da exposição do restante dos trabalhadores do mesmo grupo (subitem 22.17.1.1 da NR-22). O GHE deve ser definido levando-se em consideração o processo, as atividades, os locais de trabalho, entre outros. Exemplo: forneiro, laminador, fundidor.

— Analisar o ciclo de trabalho dos trabalhadores de cada GHE, de forma a definir os locais de trabalho e descanso, se houver, bem como os tempos em cada situação de exposição.

— Estimar a taxa de metabolismo de acordo com a atividade. Essa estimativa deve ser feita com base no Quadro 3 da NR-15, Anexo 3 ou NHO-06.

— Realizar medições das temperaturas nos locais de trabalho ou descanso, se houver. As leituras dos termômetros devem ser tomadas após a estabilização. Em condições térmicas de curta duração, por exemplo, em um forno que fica com a porta aberta por apenas cinco minutos a cada meia hora, a estabilização dos termômetros é difícil. Nesse caso, a solução é realizar uma medição simulada. Pode-se manter a porta aberta por trinta minutos ou mais, de modo a permitir a estabilização do conjunto de medição e a coleta dos dados. Nas situações em que a simulação não for viável por motivos de ordem operacional, a avaliação da exposição ocupacional ao calor fica prejudicada (FUNDACENTRO, 2002). Em tal situação, a nosso ver, a alternativa seria realizar a medição com termômetro de globo úmido (bostball), em que o tempo de estabilização é de cinco a dez minutos, e converter os dados para o índice IBUTG por meio de equações, conforme comentado anteriormente (PIERRE,1997).

— Todos os dados de campo devem ser registrados em planilhas.

Além disso, é fundamental anotar as condições climáticas do dia da medição, especialmente em trabalhos a céu aberto.

— Analisar o processo e as condições de exposição, visando propor medidas de controle coletivas, administrativas e individuais.

— Após o levantamento de dados no campo, compilar os dados, calcular as médias e comparar com os limites de tolerância.

— Elaborar laudo técnico contendo a metodologia utilizada, os dados obtidos, parecer técnico sobre a exposição ocupacional ao calor e sugestões de medidas de controle.

O Apêndice III mostra um modelo de laudo de avaliação ocupacional de calor.

3.6. Avaliação de Calor para Caracterização de Insalubridade

O Anexo 3 da NR-15 define o Índice de Bulbo Úmido Termômetro de Globo pela aplicação dos seguintes procedimentos:

Ambientes externos com carga solar:

IBUTG = 0,7 Tbn + 0,2 Tg + 0,1 Tbs

Ambientes internos ou externos sem carga solar:

IBUTG = 0,7 Tbn + 0,3 Tg

De acordo com a referida norma, a exposição ao calor acima do limite de tolerância caracteriza a atividade como insalubre em grau médio (20% sobre o salário mínimo).

Alguns intérpretes entendem que o índice somente deve ser aplicado para a exposição a fontes artificiais, o que, no entanto, não tem base científica. O IBUTG foi desenvolvido por Constantine Yaglou e David Minard, em 1957, durante investigação realizada nos treinamentos dos recrutas da marinha dos Estados Unidos expostos ao sol usando uniformes verdes. Foi observado que o risco pela exposição ao calor era reduzido quando as pausas e a diminuição do tempo de treinamento dos recrutas eram definidos utilizando-se o índice IBUTG, em vez da temperatura do ar, ou seja, aquela obtida com o termômetro comum (OIT, 1989). Aliás, no caso de ambientes externos com carga solar (calor natural), inclui a medição de temperatura de bulbo seco na determinação do IBUTG, sendo esta a única modificação considerada. Portanto, não há embasamento legal nem científico que autorize o perito a descaracterizar insalubridade por calor nessa situação.

Entretanto, a nosso ver, a NR-15 em seu Anexo 3 deveria revisar e incluir critérios de correções dos limites em função do tipo de vestimenta usada, idade, cor da pele, obesidade, aclimatização conforme a região, entre outros. Considerando o limite do Quadro 1 do Anexo 3 da NR-15 (sem local de descanso), em regiões quentes, em locais de trabalho a céu aberto, o IBUTG poderá ser ultrapassado para a maioria das atividades executadas com exposição ao calor natural. Outro aspecto importante a ser destacado é que os valores de IBUTG obtidos em medições a céu aberto variam consideravelmente de acordo com as estações do ano. Por essa razão, a Instrução Normativa vigente do INSS não considera a exposição ao calor proveniente de fontes naturais para fins de concessão do direito a aposentadoria especial. Com relação ao adicional de insalubridade, a Orientação Jurisprudencial n. 173 do SDI-I do Tribunal Superior do Trabalho adotou o entendimento de que o referido é devido, desde que a exposição ao calor ultrapasse o limite de tolerância(2).

Cabe destacar que o perito deverá analisar minuciosamente a situação de exposição ao calor, principalmente no que se refere à estimativa do valor do metabolismo do trabalhador, bem como da obrigatoriedade contratual do trabalhador em permanecer e executar atividades ou operações, de maneira habitual e permanente, sob exposição ao calor com carga solar.

Conforme mencionado anteriormente, o Anexo 3 da NR-15 estabelece dois quadros de limites de tolerância. O Quadro 1 para limite sem local de descanso e o Quadro 2 com local de descanso definido.

---

(2) **173. ADICIONAL DE INSALUBRIDADE. ATIVIDADE A CÉU ABERTO. EXPOSIÇÃO AO SOL E AO CALOR. (redação alterada na sessão do Tribunal Pleno realizada em 14.9.2012) — Res. 186/2012, DEJT divulgado em 25, 26 e 27.9.2012**

I — Ausente previsão legal, indevido o adicional de insalubridade ao trabalhador em atividade a céu aberto, por sujeição à radiação solar (art. 195 da CLT e Anexo 7 da NR 15 da Portaria n. 3.214/78 do MTE).

II — Tem direito ao adicional de insalubridade o trabalhador que exerce atividade exposto ao calor acima dos limites de tolerância, inclusive em ambiente externo com carga solar, nas condições previstas no Anexo 3 da NR 15 da Portaria n. 3.214/78 do MTE.

A) Limite de Tolerância sem Local de Descanso — Quadro 1, Anexo 3 da NR-15

— Temperatura de bulbo úmido natural (Tbn) = 25°C

— Temperatura de globo (Tg) = 40°C

— Ambiente interno sem carga solar

— Tipo de atividade: moderada, conforme (220 kcal/h), conforme Quadro 3 da NR-15, Anexo 3.

a) IBUTG = 0,7 x 25 + 0,3 x 40 = 29,5°C

b) Tipo de atividade: moderada (Quadro 3, Anexo 3, NR-15)

c) De acordo com o Quadro 1, Anexo 3 da NR-15, para atividade moderada e trabalho contínuo, o IBUTG é igual a 26,7°C. Como o IBUTG obtido foi de 29,5°C, a atividade desse trabalhador é considerada insalubre de grau médio por exposição ao calor

B) Limite de Tolerância com Local de Descanso — Quadro 2, Anexo 3 da NR-15

Os limites para exposição ao calor com local de descanso definido são fixados no Quadro 2 do Anexo 3 da NR-15. Segundo essa norma, local de descanso é aquele tecnicamente mais ameno, onde o empregado deverá permanecer em repouso ou executando atividade leve.

No exemplo anterior, considerando que foi instalado um local de descanso, termicamente mais ameno, onde o trabalhador exerça atividade leve, sentado, durante 15 minutos a cada período de 1,0 hora ou 60 minutos. Os dados obtidos nas medições foram os seguintes:

— Temperatura de bulbo úmido natural (Tbn) = 20°C

— Temperatura de globo (Tg) = 30°C

— Ambiente interno sem carga solar

a) IBUTG = 0,7 x 20 + 0,3 x 30 = 23,0°C

— Tipo de atividade: leve (125 kcal/h), conforme estimativa Quadro 3, Anexo 3, NR-15.

Para a verificação da insalubridade, nesse caso, devem-se calcular as médias ponderadas determinadas do IBUTG e metabolismo. Em seguida, comparar os valores obtidos com os limites do Quadro 2, Anexo 3 da NR-15. De acordo com a situação descrita, os dados da exposição do trabalhador ao calor nos locais de trabalho e descanso são:

Local de trabalho

— IBUTG = 29,5°C

— Tempo de trabalho (T_t) = 45 minutos (60-15)

— Taxa de metabolismo = 220 kcal/h

Local de descanso

— $IBUTG_d$ = 23,0°C

— Tempo de descanso (T_d) = 15 minutos

— Taxa de metabolismo = 125 kcal/h

— Taxa de metabolismo igual a 150 Kcal/h, conforme o Quadro 3.

a) Cálculo da taxa de metabolismo média ponderada para 1 hora

$$\overline{M} = \frac{220 \times 45 + 125 \times 15}{60} = 196{,}25 \text{ kcal/h}$$

b) Cálculo do IBUTG média ponderada para 1 hora

$$\overline{IBUTG} = \frac{29{,}5 \times 45 + 23 \times 15}{60} = 27{,}9^{\circ}C$$

De acordo com o Quadro 2, para igual a 200 Kcal/h, o máximo permitido é de 30,0°C. Como o local apresentou igual a 27,9°C, o limite de tolerância não foi ultrapassado e, portanto, a atividade não é considerada insalubre. Como pode ser constatado no exemplo, o descanso em outro local, conforme a definição legal, descaracteriza a atividade como insalubre. Todavia, a adoção dessa medida deve ser acompanhada de procedimentos formais sobre a alternância trabalho/descanso, uma vez que em caso de ações trabalhistas, se não houver comprovação desse procedimento de trabalho limitando a exposição ao calor, a Justiça pode concluir pelo pagamento do adicional com base no limite do Quadro 1, Anexo 3 da NR15.

Eliminação/Neutralização da insalubridade

A insalubridade por calor só poderá ser eliminada por meio de medidas aplicadas no ambiente ou reduzindo-se o tempo de permanência nas fontes de calor, de forma que a taxa de metabolismo fique compatível com o IBUTG.

A neutralização por meio de EPIs não ocorre, pois não é possível determinar se estes reduzem a intensidade do calor a níveis abaixo dos limites de tolerância, conforme prevê o art. 191, item II, da CLT. Os EPIs (blusões de manga) muitas vezes podem até prejudicar as trocas térmicas entre o organismo e o ambiente. Entretanto, os EPIs devem ser sempre utilizados, uma vez que protegem os empregados dos riscos de acidentes e doenças ocupacionais.

O Apêndice III mostra um modelo de laudo pericial de calor para fins de insalubridade.

3.7. Avaliação de Calor para Fins de Aposentadoria Especial

Atualmente o Decreto n. 3.048/99, que regulamenta a Lei de Benefícios da Previdência Social, dispõe:

Código	Agente nocivo	Tempo de Exposição
2.0.4	Temperaturas anormais a) Trabalhos com exposição ao calor acima dos limites de tolerância da NR-15 da Portaria n. 3.214	25 anos

Portanto, na avaliação de calor visando à verificação de direito de aposentadoria especial, o Decreto n. 3.048/99 determina que seja segundo os mesmos limites de tolerância para caracterização de insalubridade e, dessa forma, acertadamente foram uniformizados os critérios das normas previdenciárias e trabalhistas.

Entretanto, as Instruções Normativas do INSS determinam que somente a exposição ocupacional a temperaturas anormais, oriundas de fontes artificiais, dará ensejo à aposentadoria especial.

Com relação à metodologia, as Instruções do INSS determinam que deve ser seguida a NHO-06 da Fundacentro. Quanto à eliminação ou neutralização, a regra é a mesma da insalubridade, como comentada no item anterior.

PARTE 5

MEDIDAS DE CONTROLE

A NR-9 determina que as medidas de controle coletivas dos riscos ambientais devem obedecer à seguinte hierarquia:

a) medidas que elimine ou reduzam a utilização ou a formação de agentes prejudiciais à saúde;

b) medidas que previnam a liberação ou disseminação desses agentes no ambiente de trabalho;

c) medidas que reduzam os níveis ou a concentração desses agentes no ambiente de trabalho (subitem 9.3.5.2 da NR-9). Já o subitem 9.3.5.4 da NR-9 estabelece que, quando comprovada pelo empregador ou instituição a inviabilidade técnica da adoção de medidas de proteção coletiva, ou quando estas não forem suficientes ou se encontrarem em fase de estudo, planejamento ou implantação, ou ainda em caráter complementar ou emergencial, deverão ser adotadas outras medidas, obedecendo-se à seguinte hierarquia:

— medidas de caráter administrativo ou de organização do trabalho;

— utilização de equipamento de proteção individual — EPI.

I — MEDIDAS COLETIVAS

Os fatores que influenciam na sobrecarga térmica são condução/convecção, radiação, metabolismo e evaporação. Portanto, devem-se estudar medidas de controle que reduzam a taxa de metabolismo, promovam a movimentação geral do ar, reduzam o processo de emissão de calor e liberação de vapor de água e utilização de barreiras para fontes de calor radiante (ACGIH, 2011)

1.1. Taxa de metabolismo

A redução do calor produzido pelo metabolismo é obtida por meio de automatização da operação, de forma a minimizar o esforço físico do trabalhador e, por conseguinte, diminuir a sobrecarga térmica. Em determinadas situações, somente a automatização completa das operações eliminará o problema. Exemplo: uso de talhas ou ponte rolante no levantamento e transporte de materiais.

1.2. Convecção

As trocas de calor por convecção podem ser reduzidas por meio da redução da temperatura do ar. Isso pode ser conseguido pela insuflação do ar fresco com velocidade adequada. Quando a temperatura do ar é superior a 35ºC (temperatura cutânea do corpo), todo o aumento de velocidade do ar favorece simultaneamente as trocas por convecção e por evaporação. Em consequência disso, o aumento da velocidade do ar tem efeitos opostos no equilíbrio homeotérmico. Assim, é necessário estabelecer a velocidade ótima, que é determinada em função do calor metabólico, da umidade e da temperatura do ar. Portanto, o controle adequado da velocidade, umidade e temperatura do ar constitui medida fundamental nos fatores convecção e evaporação, contribuindo para a diminuição da sobrecarga térmica.

O ar-condicionado é uma medida eficiente de resfriamento do ar, porém o custo é mais elevado. Como alternativa, podem-se utilizar climatizadores, no entanto, esses equipamentos são mais eficientes em regiões de clima mais frio e seco. Outra forma de reduzir o calor por convecção é aumentar o fluxo de ar utilizando ventiladores. Como esse método não resfria o ar, qualquer aumento da velocidade do ar deve ser direcionado ao trabalhador para ser eficaz (OSHA,1999). A redução do calor por convecção também pode ser feita por meio de ventilação natural. As janelas, portas, claraboias, entre outros são exemplos de aberturas que favorecem as trocas de calor no ambiente. Todavia, em regiões muito quentes somente essa medida não é suficiente, sendo necessário o uso do ar-condicionado ou torres de resfriamento para reduzir a temperatura do ar. Outra situação bastante encontrada na prática é o desconforto térmico provocado em locais de trabalho devido ao tipo de cobertura. O calor do sol é absorvido pelo telhado e aquece o ar interno, sendo assim, a instalação das telhas com menor emissividade, ou seja, com maior coeficiente de reflexão do calor, deve ser utilizada.

A aplicação de película de controle solar em vidro também é uma medida importante de calor nos ambientes provenientes da radiação solar.

1.3. Radiação

As superfícies que excedem 35°C são fontes de radiação infravermelha e podem aumentar a carga térmica do local. Para reduzir o calor radiante, a medida mais eficiente é a utilização de barreiras que reflitam os raios infravermelhos (OSHA, 1999). O alumínio polido é muito eficiente para essa finalidade. Certas operações exigem que o trabalhador tenha visualização através da barreira. Nesse caso, deve-se utilizar vidro especial ou aplicar película de filme nos vidros comuns, de forma a reduzir a radiação infravermelha.

A manutenção contínua das barreiras é muito importante, pois a ação de produtos químicos agressivos faz com que elas percam a propriedade de reflexão. Quando isso ocorre, elas passam a absorver a radiação incidente, tornando-se fontes emissoras de calor radiante e, consequentemente, reduzindo sua eficácia como medida de controle. As barreiras devem ser localizadas entre o trabalhador e a fonte de calor, e nunca posicionadas atrás do trabalhador, mesmo que vise à proteção de outros indivíduos.

1.4. Evaporação

Devem ser criadas condições que favoreçam a evaporação do suor e também auxiliem na manutenção do equilíbrio térmico, aumentando E máxima (máxima capacidade evaporativa da pele). Cabe salientar, no entanto, que existem limitações fisiológicas ambientais para a perda de calor por esse processo. As condições ambientais podem ser modificadas favorecendo a evaporação, por meio das seguintes medidas:

a) Redução da umidade relativa do ar: nas fontes em que é utilizado vapor de água no processo, deve-se instalar ventilação local exaustora. Exemplo: engomadeira de tecidos.

b) Aumento na movimentação do ar: o aumento da velocidade do ar favorece a evaporação do suor, no entanto, essa medida deverá ser estudada cuidadosamente quando a temperatura for superior a 35ºC, uma vez que o ganho de calor por convecção poderá contribuir para o aumento da sobrecarga térmica.

O Quadro 6 relaciona algumas medidas que podem ser adotadas com os correspondentes fatores alterados.

QUADRO 6

MEDIDA DE CONTROLE EM FUNÇÃO DO FATOR ALTERADO

MEDIDA ADOTADA	FATOR ALTERADO
Insuflação de ar fresco no local onde permanece o trabalhador e revestimento adequado das tubulações condutoras de fluido térmico.	Temperatura do ar.
Maior circulação do ar no local de trabalho.	Velocidade do ar.
Exaustão dos vapores de água emanados de um processo.	Umidade relativa.
Utilização de barreiras refletoras (alumínio polido, aço inoxidável) ou absorventes (ferro ou aço) de radiação infravermelha colocados entre a fonte e o trabalhador.	Calor radiante.
Automatização do processo.	Calor produzido pelo metabolismo.

Fonte: Fundacentro, 1993

II — MEDIDAS ADMINISTRATIVAS/ ORGANIZAÇÃO DO TRABALHO

2.1. Treinamento

É de fundamental importância a educação e o treinamento dos trabalhadores expostos ao calor intenso: a orientação quanto à prática correta de suas tarefas pode, por exemplo, evitar esforços físicos desnecessários ou longos períodos de permanência próximo à fonte. Deve-se conscientizar o trabalhador sobre o risco que representa a exposição ao calor intenso, educando-o quanto ao uso correto dos equipamentos de proteção individual, alertando-o sobre a importância de asseio pessoal e promovendo a utilização e manutenção correta das medidas de proteção no ambiente.

2.2. Limitação do tempo de exposição

A limitação do tempo de exposição é feita por meio da recuperação térmica do trabalhador exposto ao calor em local apropriado. O tempo de recuperação depende das condições térmicas desse local e pode ser calculado pelos índices de sobrecarga térmica.

A NR-15 da Portaria n. 3.214 adota o Índice de Bulbo Úmido Termômetro Globo (IBUTG) para avaliação ocupacional do calor. Como explicado anteriormente, os limites de tolerância estabelecidos são em função do tempo de exposição ao calor e dos períodos de descanso.

Portanto, a criação de períodos de descanso constitui uma medida eficiente no controle da sobrecarga térmica. Todavia, na prática há certa resistência na adoção dessa medida por parte dos empregadores, sob alegação de que tais pausas para descanso interferem na organização do trabalho, reduzindo a produtividade. A nosso ver, esse argumento não procede, pois, mediante estudos sistemáticos do processo produtivo, métodos de trabalho, estudo de tempos e movimentos, análise ergonômica, dentre outros, essa medida poderá ser aplicada com sucesso, sem prejuízo na produtividade.

Vale ressaltar que a pausa deve ser feita em local termicamente mais ameno, onde o trabalhador deve permanecer em repouso ou executar atividade leve (Anexo 3, NR-15). Além disso, esse local deve possuir água potável visando à hidratação do trabalhador, bem como assento para descanso dele.

2.3. Aclimatação

A aclimatação ao calor constitui em uma adaptação fisiológica do organismo a um ambiente quente. Essa medida é fundamental na prevenção dos riscos decorrentes da exposição ao calor intenso. É importante mencionar que a perda de cloreto de sódio pela sudorese será menor no indivíduo aclimatizado. Segundo a ACGIH, a aclimatação é uma adaptação fisiológica gradual, que aumenta a capacidade individual de suportar a sobrecarga térmica. A aclimatação requer a realização de atividades físicas em condições de sobrecarga térmica similares àquelas previstas para o trabalho. Um trabalhador pode ser considerado aclimatado para fins dos limites de tolerância, quando tiver um histórico recente de exposição à sobrecarga térmica de, no mínimo, duas horas seguidas (por exemplo, 5 dos últimos 7 a 10 dias dos últimos 14 dias). A perda de aclimatação começa quando a atividade em condições de sobrecarga térmica é descontinuada, ocorrendo uma perda considerável após quatro dias. A aclimatação pode ser totalmente perdida em três ou quatro semanas (ACGIH, 2011).

III — EQUIPAMENTO DE PROTEÇÃO INDIVIDUAL

As Normas Regulamentadoras 6 e 9 determinam que deve ser utilizado o EPI quando as medidas coletivas forem tecnicamente inviáveis para eliminação do risco. No caso do agente calor, o uso do EPI não afasta o risco de sobrecarga térmica. Todavia, em locais onde há risco de queimadura devido a respingos e a radiação infravermelha emitidas pelas fontes de calor radiante, por exemplo, num alto-forno, é exigido o uso de diversos EPI, tais como: protetor facial com lente filtrante de infravermelho, avental, perneira, mangas, entre outros. Esses equipamentos podem interferir no mecanismo de evaporação do suor e agravar o risco de sobrecarga térmica. Desse modo, é fundamental a seleção de equipamentos mais confortáveis. O uso de aventais, blusões refletores, como aluminizados, podem ser utilizados. No entanto, esses equipamentos, mesmo refletindo o calor radiante, dificultam a troca de ar através da vestimenta e, desse modo, a redução do calor radiante deve compensar a perda do resfriamento da pele por evaporação. Por essa razão, esses blusões e aventais devem ser o mais folgado possível. Em situações em que o calor radiante é elevado, pode ser utilizado o sistema de refrigeração sob roupa reflexiva (OSHA,1999). Todavia, é importante ressaltar que o equipamento de proteção individual não afasta o risco de sobrecarga térmica, pois não há critério objetivo que permite afirmar que o IBUTG foi reduzido abaixo do limite de tolerância, conforme determina o art.191, II, da CLT.

Em trabalhos a céu aberto, devem-se usar roupas de algodão ou linho de cor clara para refletir a radiação solar, bem como proteger a cabeça.

IV — CONTROLE MÉDICO

Os trabalhadores expostos ao calor devem ser submetidos aos exames médicos previstos na NR-7, além do acompanhamento individual visando detectar possíveis problemas: problemas cardiocirculatórios, deficiências glandulares (principalmente glândulas sudoríparas), problemas de pele, hipertensão, perda de peso, entre outros. Portanto, deve-se promover um contínuo acompanhamento dos trabalhadores expostos ao calor e identificar possíveis estados patológicos em estágios iniciais.

APÊNDICE I

MODELO DE LAUDO TÉCNICO DE AVALIAÇÃO OCUPACIONAL DE CALOR

I — INSTRUMENTOS UTILIZADOS / METODOLOGIA

Para a quantificação do calor, utilizaram-se os termômetros de bulbo úmido natural, globo e bulbo seco, conforme Anexo 3, NR-15 da Portaria n. 3.214.

a) Termômetro de bulbo úmido natural

Constituído por um termômetro de mercúrio comum, de escala de 0°C a 60°C e subdivisões de 0,1°C, com bulbo recoberto por um pavio de tecido absorvente, inicialmente umedecido, e sua extremidade alongada imersa em um reservatório com água destilada (Erlenmeyer de 125ml) durante o período de medição.

b) Termômetro de globo

Utilizado para quantificar o calor radiante, é constituído de um termômetro de mercúrio comum, com escala de 0°C a 150°C e subdivisões de 0,2°C, localizado no centro de uma esfera oca de cobre de dimensões padronizadas e pintadas externamente de preto fosco.

c) Termômetro de bulbo seco

Utilizado para quantificar a temperatura do ar, constituído de um termômetro de mercúrio comum, com escala de 0°C a 60°C e subdivisão de 0,1°C.

Em caso de utilizar outro tipo de sensor de temperatura, por exemplo, medidor digital de sobrecarga térmica, a discussão da metodologia é similar, apenas substituindo termômetro de mercúrio por sensor eletrônico de temperatura.

Esses termômetros foram montados em um tripé e fixados neste com pinças, de modo que as leituras foram representativas das condições sob as quais os trabalhadores estavam expostos (local de trabalho e descanso). As leituras foram obtidas após 30 (trinta) minutos de estabilização.

II — DADOS OBTIDOS NAS MEDIÇÕES

Os dados obtidos nas medições, caracterização das atividades, locais de trabalho e os respectivos tempos de exposição estão descritos na planilha a seguir:

RECONHECIMENTO

FUNÇÃO: Vazador

DESCRIÇÃO DAS ATIVIDADES:

— Escorificar panelas de metal líquido e vazar nos moldes da linha 01, da linha 02 e da linha 03;
— Verificar e medir temperatura;
— Realizar limpeza na área.

LOCAIS DE TRABALHO:

— Linhas de vazamento de metal

FONTES GERADORAS:

— Operação do carrinho de vazamento nas panelas das linhas 01 e 02, interferência da produção das linhas, fusão do metal, escorificação, dentre outras.

AVALIAÇÃO QUANTITATIVA

DATA DE REALIZAÇÃO: 15.3.2000

ATIVIDADE	TBN °C	TG °C	TBS °C	IBUTG °C	ATIVIDADE/ METABOLISMO (kcal/h)	TEMPO (min)
— Controle do vazamento das panelas nas caixas e moldes.	26,4	41,8	–	31,0	180	30
— Medir temperatura, escorificação e auxiliar na troca das panelas	23,9	38,2	–	28,2	220	15
— Aguardar o próximo vazamento sentado	22,0	30,0	–	24,4	100	15

OBSERVAÇÕES:

$$\text{IBUTG} = \frac{31{,}0 \times 30 + 28{,}2 \times 15 + 24{,}4 \times 15}{60} = 28{,}6\,^{\circ}\text{C}$$

$$\text{M} = \frac{180 \times 30 + 220 \times 15 + 100 \times 15}{60} = 170\ \text{kcal}$$

III — CONCLUSÃO

O Anexo 3, NR-15, Portaria n. 3.214, em seu Quadro 2, estabelece que para M = 170 kcal/h, ≅ 175 kcal/h o máximo IBUTG permitido é de 30,5°C. Como esse local apresentou IBUTG = 28,6°C, não há risco de sobrecarga térmica. Além disso, o IBUTG obtido não caracteriza a atividade como insalubre, nem gera o direito a aposentadoria especial.

APÊNDICE II

MODELO DE LAUDO TÉCNICO DE AVALIAÇÃO DE CONFORTO TÉRMICO

I — CRITÉRIO LEGAL

Nos locais de trabalho onde são executadas atividades que exijam solicitação intelectual e atenção constante, tais como salas de controle, laboratórios, escritórios, salas de desenvolvimentos ou análise de projetos, dentre outros, são recomendadas as seguintes condições de conforto:

Índice de temperatura efetiva entre 20°C e 23°C;

Velocidade do ar não superior a 0,75m/s;

Umidade relativa do ar não inferior a 40% (quarenta por cento).

II — INSTRUMENTOS DE MEDIÇÃO

VELOCIDADE DO AR

A velocidade do ar nos locais de trabalho foi medida utilizando-se o Anemômetro Digital marca ..... modelo......, sendo a faixa de medição desse instrumento de 0,4 a 30m/s, com resolução de 0,1m/s.

UMIDADE RELATIVA DO AR

A umidade relativa do ar nos locais de trabalho foi obtida utilizando-se o Psicrômetro marca........ Este instrumento é constituído de dois termômetros idênticos e montados paralelamente. Um deles possui o bulbo revestido por tecido, que foi umedecido em água destilada durante a medição. Com os dados obtidos nos dois termômetros — Tbu — Termômetro de bulbo úmido e Tbs — Termômetro de bulbo seco — foi determinada a umidade relativa do ar através da Carta Psicrométrica.

ÍNDICE DE TEMPERATURA EFETIVA

Esse índice foi obtido com os valores das temperaturas de bulbo úmido e bulbo seco medidas com o Psicrômetro e a velocidade do ar obtida com o

Anemômetro digital AM-4202. Com estes parâmetros, o índice de temperatura efetiva foi determinado por meio do Ábaco normalizado.

AVALIAÇÃO DO NÍVEL DE CONFORTO TÉRMICO
POSTO DE TRABALHO: 01
LOCAIS DE TRABALHO: DRH — Departamento de Recursos Humanos — Sala da secretária e gerente de RH

CONDIÇÕES DE CONFORTO
ÍNDICE DE TEMPERATURA EFETIVA: 23,5°C
VELOCIDADE DO AR: < 0,4m/s
UMIDADE RELATIVA DO AR: 52%

CONCLUSÃO

A velocidade e umidade relativa do ar estão dentro dos valores considerados aceitáveis pela NR-17 da Portaria n. 3.214. No entanto, o Índice de Temperatura Efetiva não está em conformidade com a norma.

MEDIDAS DE CONTROLE

— Recomenda-se estudar a possibilidade de instalar sistema de ar-condicionado. Essa medida visa melhorar as condições de conforto térmico desse local;

— Realizar manutenção permanente e regular o sistema de ar-condicionado central, para manter a umidade e temperatura dentro dos padrões de conforto.

APÊNDICE III

MODELO DE LAUDO TÉCNICO DE AVALIAÇÃO DE CALOR PARA FINS DE INSALUBRIDADE

EXMO. DR. JUIZ PRESIDENTE DA ....ª VARA DO TRABALHO DE ....

REFERENTE : PROCESSO N.

RECLAMANTE: AAAAAAAA

RECLAMADA: BBBBBBBBBB

TUFFI MESSIAS SALIBA, Engenheiro de Segurança do Trabalho, perito nomeado nos autos do processo em epígrafe, vem perante V.Exa. apresentar o laudo técnico.

I — METODOLOGIA

As medições de calor foram realizadas utilizando-se o monitor de sobrecarga térmica marca ....., modelo .... Esse instrumento determina através de sensores os três parâmetros necessários para avaliação do IBUTG (índice de bulbo úmido termômetro de globo), ou seja, temperatura de bulbo úmido natural, temperatura de globo e temperatura de bulbo seco.

O equipamento foi calibrado antes e depois das avaliações através do sensor específico.

Nos locais onde a fonte de calor é muito intensa, os sensores foram montados em tripé por meio de uma extensão.

II — INFORMANTES

As informações foram obtidas com os seguintes funcionários:

Nome:
Cargo:

Nome:
Cargo:

III — DESCRIÇÃO DAS ATIVIDADES

O reclamante exercia a função de Ajudante de prensa e suas atividades consistiam em:

— Alimentar o cilindro com massa de eletrodo para ser prensada;

— Realizar serviços de limpeza em geral e limpeza da máquina com querosene eventualmente.

IV — LOCAL DE TRABALHO

— O reclamante trabalhava no setor de prensas.

V — DADOS OBTIDOS

Local de trabalho — junto às prensas

Temperatura de bulbo úmido natural = 25,0°C

Temperatura de globo = 40,0°C

Calor metabólico (M) = 220 kcal/h

Índice de bulbo úmido termômetro globo = 29,5°C

Local de descanso

Temperatura de bulbo úmido natural = 20,0°C

Temperatura de globo = 28,0°C

Calor metabólico (M) = 150 kcal/h

Índice de bulbo úmido termômetro globo = 22,4°C

$$\overline{\text{IBUTG}} = \frac{29{,}5 \times 30 + 22{,}4 \times 30}{60} = 25{,}95^\circ\text{C}$$

$$\overline{M} = \frac{220 \times 30 + 150 \times 30}{60} = 185 \text{ kcal/h} @ 200 \text{ kcal/h}$$

CONCLUSÃO

O Anexo 3, NR-15, Portaria n. 3.214, em seu Quadro 2, estabelece que, para M = 200 kcal/h, o máximo IBUTG permitido é de 30,0°C. Como esse local apresentou IBUTG = 25,9°C, não há risco de sobrecarga térmica e, desse modo, a atividade não se caracteriza como insalubre.

VI — RESPOSTA AOS QUESITOS DO RECLAMANTE À FL. ...... DO PROCESSO

QUESITO 01

QUEIRA O SR. PERITO DESCREVER, DETALHADAMENTE, AS FUNÇÕES EXERCIDAS PELO RECLAMANTE.

— Ver item III do laudo.

QUESITO 02

QUEIRA O SR. PERITO DESCREVER COM DETALHES O(S) LOCAL(IS) DE TRABALHO DO RECLAMANTE DURANTE TODO O PACTO LABORAL, E LOCALIZAÇÃO DESTE(S) DENTRO DA RECLAMADA.

— Ver item IV do laudo.

QUESITO 03

AS ATIVIDADES DESEMPENHADAS PELO RECLAMANTE SÃO CONSIDERADAS INSALUBRES, DE ACORDO COM AS DEFINIÇÕES CONTIDAS NO SUBITEM 15.1 DA NR-15 DA PORTARIA N. 3.214/78?

— Não.

QUESITO 04

QUEIRA O SR. PERITO INFORMAR SE A EXPOSIÇÃO AO CALOR ESTAVA ACIMA DOS LIMITES DE TOLERÂNCIA FIXADOS PELA NR-15 ANEXO 3.

— Não.

VII — RESPOSTA AOS QUESITOS DO RECLAMANTE À FL. ...... DO PROCESSO

QUESITO 01

QUEIRA O SR. PERITO DESCREVER, DETALHADAMENTE, AS FUNÇÕES EXERCIDAS PELO RECLAMANTE.

— Ver item III do laudo.

QUESITO 02

QUAIS OS VALORES DO IBUTG NOS LOCAIS DE TRABALHO E DESCANSO DO RECLAMANTE?

— Ver item V do laudo.

QUESITO 03

POR FIM, FAZ JUS O RECLAMANTE AO ADICIONAL DE INSALUBRIDADE POR CAUSA DA EXPOSIÇÃO AO CALOR?

— Não.

VIII — CONCLUSÃO PERICIAL

Com base nos fundamentos contidos no item V do laudo, conclui-se que a atividade do reclamante não era considerada insalubre por exposição ao calor.

DATA

ASSINATURA

APÊNDICE IV

CRITÉRIO RECOMENDADO PELA ACGIH/2011

TABELA 2

Critério de Análise Preliminar para Exposição a Sobrecarga Térmica (Valores de IBUTG em °C)

	Aclimatado				Não Aclimatado			
Categoria de trabalho	Leve	Moderada	Pesada	Muito pesada	Leve	Moderada	Pesada	Muito pesada
100% Trabalho	29,5	27,5	26		27,5	25	22,5	
75% trabalho 25% descanso	30,5	28,5	27,5		29	26,5	24,5	
50% trabalho 50% descanso	31,5	29,5	28,5	27,5	30	28	26,5	25
25% trabalho 75% descanso	32,5	31	30	29,5	31	29	28	26,5

NOTAS:

• Veja Tabela 3 e a Documentação dos TLVs® para as categorias de trabalho.

• Os valores de IBUTG são expressos em °C e representam limiares próximos ao limite superior para a categoria de taxa metabólica.

• Se os ambientes de trabalho e descanso são diferentes, devem ser calculadas e usadas as médias ponderadas no tempo para o período de uma hora. Também devem ser utilizadas as médias ponderadas no tempo para as taxas metabólicas quando as cargas de trabalho variam no período de uma hora.

• Os valores da Tabela são aplicados por referência na seção "Regime de Trabalho-Descanso" da Documentação do TLV®, pressupondo-se 8 horas de trabalho por dia, 5 dias por semana, com os intervalos convencionais, conforme apresentado na Documentação. Quando as jornadas de trabalho são aplicadas, deve ser consultada a seção "Aplicação dos TLVs®" na Documentação.

• Para os trabalhadores menos adaptados ao trabalho, a sobrecarga fisiológica resultante do trabalho muito pesado independe de valores de IBUTG. Por isso não são apresentados valores de referência de IBUTG para trabalho contínuo ou com apenas 25% de descanso em uma hora. Nestes casos não é recomendada a análise preliminar, devendo ser utilizada a análise detalhada ou o monitoramento fisiológico.

TABELA 3

Categorias de Taxas Metabólicas e Taxas Metabólicas Representativas, com Exemplos de Atividades

Categorias	Taxa Metabólica [W]*	Exemplos de Atividades
Descanso	115	Sentado
Leve	180	Sentado com trabalho manual leve com as mãos ou mãos e braços, e dirigindo. Em pé, com algum trabalho leve com os braços e movimentação ocasional.
Moderado	300	Trabalho contínuo moderado com mãos e braços, trabalho moderado dos braços e pernas, trabalho moderado de braços e tronco, ou trabalho leve de levantar ou empurrar. Andar a passo normal.
Pesado	415	Trabalho intenso de braços e tronco, trabalho com pá, carregar, serrar manualmente, levantar e empurrar cargas pesadas, andar a passo rápido.
Muito Pesado	520	Atividade muito intensa em ritmo que vai do mais rápido ao mais rápido possível.

* O efeito do peso do corpo na taxa de metabolismo estimada pode ser calculado multiplicando-se a taxa estimada pelo resultado do peso real do corpo dividido por 70kg (154lb).

APÊNDICE V

LIMITES DE TOLERÂNCIA PARA EXPOSIÇÃO AO CALOR DE ACORDO COM A NR-15, ANEXO 3

1. A exposição ao calor deve ser avaliada através do "Índice de Bulbo Úmido Termômetro de Globo" (IBUTG) definido pelas equações que seguem:

Ambientes internos ou externos sem carga solar:

IBTUG = 0,7 Tbn + 0,3 Tg

Ambientes externos com carga solar:

IBTUG = 0,7 Tbn + 0,1 Tbs + 0,2 Tg

Em que:

Tbn = temperatura de bulbo úmido natural

Tg = temperatura de globo

Tbs = temperatura de bulbo seco

2. Os aparelhos que devem ser usados nesta avaliação são: termômetro de bulbo úmido natural, termômetro de globo e termômetro de mercúrio comum.

3. As medições devem ser efetuadas no local onde permanece o trabalhador, à altura da região do corpo mais atingida.

Limites de tolerância para exposição ao calor, em regime de trabalho intermitente com períodos de descanso no próprio local de prestação de serviço.

1. Em função do índice obtido, o regime de trabalho intermitente será definido no Quadro 1.

QUADRO 1

QUADRO 1	TIPO DE ATIVIDADE — TEMPERATURA (°C)		
REGIME DE TRABALHO INTERMITENTE COM DESCANSO NO PRÓPRIO LOCAL DE TRABALHO (POR HORA)	LEVE	MODERADA	PESADA
Trabalho contínuo	até 30,0	até 26,7	até 25,0
45 minutos de trabalho 15 minutos de descanso	30,1 a 30,6	26,8 a 28,0	25,1 a 25,9
30 minutos de trabalho 30 minutos de descanso	30,7 a 31,4	28,1 a 29,4	26,0 a 27,9
15 minutos de trabalho 45 minutos de descanso	31,5 a 32,2	29,5 a 31,1	28,0 a 30,0
Não é permitido o trabalho sem a adoção de medidas de controle	acima de 32,2	acima de 31,1	acima de 30,0

2. Os períodos de descanso serão considerados tempo de serviço para todos os efeitos legais.

3. A determinação do tipo de atividade (leve, moderada ou pesada) é feita consultando-se o Quadro 3.

Limites de tolerância para exposição ao calor, em regime de trabalho intermitente com período de descanso em outro local (local de descanso).

1. Para os fins deste item, considera-se como local de descanso ambiente termicamente mais ameno, com o trabalhador em repouso ou exercendo atividade leve.

2. Os limites de tolerância são dados segundo o Quadro 2.

QUADRO 2

M (kcal/h)	MÁXIMO IBUTG (°C)
175	30,5
200	30,0
250	28,5
300	27,5
350	26,5
400	26,0
450	25,5
500	25,0

Em que: M é a taxa de metabolismo média ponderada para 1 hora, determinada pela seguinte fórmula:

$$M = \frac{M_t \times T_t + M_d \times T_d}{60}$$

Sendo:

M_t — taxa de metabolismo no local do trabalho.

T_t — soma dos tempos, em minutos, em que se permanece no local de trabalho.

M_d — taxa de metabolismo no local de descanso.

T_d — soma dos tempos, em minutos, em que se permanece no local de descanso.

$\overline{IBUTG}$ é o valor IBTUG médio ponderado para 1 hora determinado pela seguinte fórmula:

$$IBUTG = \frac{IBUTG_t \times T_t + IBUTG_d \times T_d}{60}$$

Sendo:

$IBUTG_t$ — valor do IBUTG no local do trabalho.

$IBUTG_d$ — valor do IBUTG no local de descanso.

T_t e T_d — como anteriormente definidos.

Os tempos T_t e T_d devem ser tomados no período mais desfavorável do ciclo de trabalho, sendo $T_t + T_d = 60$ minutos corridos.

3. As taxas de metabolismo M_t e M_d serão obtidas consultando-se o Quadro 3.

4. Os períodos de descanso serão considerados tempo de serviço para todos os efeitos legais.

QUADRO 3

TAXAS DE METABOLISMO POR TIPO DE ATIVIDADE

TIPO DE ATIVIDADE	Kcal/h
SENTADO EM REPOUSO	100
TRABALHO LEVE:	
Sentado, movimentos moderados com braços e tronco (Ex.: digitação).	125
Sentado, movimentos moderados com braços e pernas (Ex.: dirigir).	150
De pé, trabalho leve, em máquina ou bancada, principalmente com os braços.	150

TIPO DE ATIVIDADE	Kcal/h
TRABALHO MODERADO:	
Sentado, movimentos vigorosos com braços e pernas.	180
De pé, trabalho leve em máquinas ou bancada, com alguma movimentação.	175
De pé, trabalho moderado em máquina ou bancada, com alguma movimentação.	220
Em movimento, trabalho moderado de levantar ou empurrar.	300
TRABALHO PESADO:	
Trabalho intermitente de levantar, empurrar ou arrastar pesos (Ex.: remoção com a pá).	440
Trabalho fatigante.	550

REFERÊNCIAS BIBLIOGRÁFICAS

AMERICAN CONFERENCE OF GOVERNMENTAL INDUSTRIAL HYGIENISTS. *Air Sampling Instruments for Evaluation of Atmosferir Gontaminants*. 4. ed., Cincinnati, 2000.

ANDRADE, Delmiro Schmidt. *Higiene do trabalho* (Agentes Físicos que Influem sobre a Saúde), 1997.

BOMAN A. S. Irritants — Organic Solvents, 10: 95-104. In: *The Irritant Contact Dermatitis Syndrome*. Ed. Van der Valk PGM and Maibach HI, 1. ed, Nova York: CRC PRESS, 1995.

FUNDAÇÃO MAPFRE. *Manual de higiene industrial*. Madri: MAPFRE SA, 1990.

FUNDACENTRO. *Curso para engenheiros de segurança do trabalho*. São Paulo,1973. V. 3.

FUNDACENTRO. *Avaliação da exposição ocupacional de calor*. NH0-06. São Paulo: Fundacentro, 2002.

GANA SOTO, José Manuel Osvaldo *et al*. *Riscos químicos*. São Paulo: Fundacentro, 1989. p. 100.

GOELZER, Berenice. *Avaliação da sobrecarga térmica no ambiente de trabalho*. V. 2 — Higiene Industrial.

MACEDO, Ricardo. *Manual de higiene do trabalho na indústria*. Lisboa: Fundação Calouste Gulbenkian, 1988.

MARTINEZ, Manoel Garrido; TORÍO, Patrocinio Pérez. *El trabajo en ambientes con sobrecarga térmica*.

MESQUITA, A. L. S. *et al*. *Engenharia de ventilação industrial*. São Paulo: Edgard Blucher/Cetesb, 1977. p. 442.

NIOSH (National Institut for Occupational Safety and Health).

ORGANIZAÇÃO INTERNACIONAL DO TRABALHO. *Enciclopedia de salud y seguridad en el trabajo*. Madrid: Ministerio de Empleo y Seguridad Social, 1989. 3v.

OSHA Occupational Safety and Health Administration. *Technical Manual*. 1999. Disponível em:<http://www.osha.gov/dts/osta/otm/otm_iii/otm_iii_4.html#5>. Acesso em: 1º jan. 2012.

PATTY, Frank. *Industrial hygiene and toxicology*. 2. ed. New York: Interscience Publisher, 1967. 2v.

PIERRE C. Dessureault. Jamal Lyagoubi, ANDRÉ Couture. *Modalités et limites d'utilisation d'un appareil de mesure rapide dans l'analyse de a contrainte thermique*. Universtié a Québec à Trois-Rivières Institut de Recherche Robert-Sauve en santé et en sécurité a travail, 1997. Montréal. Disponível em: <a://a. irsst.qc.ca/media/documents/PubIRSST/R-171.pdf>. Acesso em: 3 jan. 2012.

RUAS, C. Álvaro. *Conforto térmico nos ambientes de trabalho*. São Paulo: Fundacentro, 1999.

SALIBA, Tuffi Messias. *Legislação de segurança e saúde do trabalhador*. 8. ed. São Paulo: LTr, 2009.

________ *et al*. *Insalubridade e periculosidade*. Aspectos técnicos e práticos. 10. ed. São Paulo: LTr, 2011.

________. *Manual prático de higiene ocupacional e Programa de Prevenção de Riscos Ambientais* — PPRA. 4. ed. São Paulo: LTr, 2011.

THRESHOLD LIMIT VALUES FOR CHEMICAL SUBSTANCES, Physical and Biologics agents en the Workroom. Cincinnati, 2000.

WELLS ASTETE, Martin; GIAMPAOLI, Eduardo; ZIDAN, Leila Nadim. *Riscos físicos*. São Paulo: Fundacentro, 1993.